Sublime Spiritualité
(Subhásita Saṁgraha vol. 1)

Sublime Spiritualité
(Subhásita Saṁgraha vol. 1)

L'emblème de l'Ánanda Márga représente son idéologie. Le triangle pointant vers le haut marque l'action, s'exprimant par un service désintéressé à toute la création ; celui pointant vers le bas, la connaissance intérieure, issue de la méditation spirituelle. L'association des deux permet un progrès sur tous les plans, représenté par le soleil levant et aboutissant à l'éveil, la victoire spirituelle, but du pratiquant symbolisé par la croix svastika.

Shrii Shrii *Ánandamúrti*

SUBLIME SPIRITUALITÉ

DE L'ILLUSION À LA BÉATITUDE

2e édition
traduite de l'anglais, du bengali et du sanscrit
par *Jyotsná Caujolle*

(Subháśita Saṁgraha vol. 1)

Éditions ÁNANDA MÁRGA
LA VOIE DE LA FÉLICITÉ

Préface et présentation

Shrii Shrii Ánandamúrti (l'« incarnation de la Félicité ») est le nom spirituel du philosophe et maître de yoga Prabhat Ranjan Sarkar. Il fonde en 1955 en Inde avec quelques disciples l'association Ánanda Márga Pracáraka Saṁgha pour promouvoir une philosophie spirituelle humaniste universaliste théorique et pratique. Son enseignement tant philosophique que pratique inspire aujourd'hui des milliers de disciples leur permettant de développer force et compassion. En 1966, il crée pour répondre aux besoins de l'humanité souffrante l'association humanitaire AMURT[1] (l'« équipe de secours universel d'Ánanda Márga ») présente aujourd'hui par ses nombreux projets de développement ancrés dans la société locale dans les pays en développement, et sur les cinq continents par ses secours immédiats en cas de catastrophe.

L'accomplissement total qu'il propose à ses disciples s'appuie sur la pratique yoguique, notamment la méditation, et une philosophie spirituelle. Ánanda Márga signifie Voie de la Félicité divine. Dans ce livre, il explicite la situation de l'aspirant spirituel par rapport à ce qui l'entoure, à lui-même, à autrui et au monde spirituel, dans une perspective philosophique d'accomplissement divin, de connaissance de soi. Il l'amène ainsi

---

[1] Amurt est affiliée à l'ONU en tant qu'organisation non gouvernementale.

peu à peu à comprendre quelle attitude intérieure le met en position d'agir librement et de s'extraire du cycle de l'action et de la réaction *(karma)*. Il s'adresse à tous ceux qui suivent ou désirent suivre une voie spirituelle, dont il s'efforce d'expliciter la nature en s'appuyant sur une sagesse universelle. Dans ce guide précieux, l'auteur nous fait partager sa claire connaissance du fonctionnement humain psychique et psycho-spirituel.

Shrii Shrii Ánandamúrti est, par sa simplicité et son amour absolus alliés à son incroyable puissance de jugement et d'action, l'incarnation même de l'idée de maître spirituel. Pour lui, et sa vie en est un exemple, on se doit de penser et de faire ce qu'on dit. Cette vérité du dire, cœur de l'éthique spirituelle, confère à la parole toute sa valeur et toute sa force. C'est cette force que l'on côtoie au long de cet ouvrage, où l'on peut venir puiser aussi souvent qu'on veut, lorsqu'elle commence à nous manquer sur ce chemin vers la béatitude.

Dhyánesh Deva

Shrii Shrii Ánandamúrti/Prabhat Ranjan Sarkar est l'auteur de très nombreux ouvrages, sur des domaines très variés, présentés p. 144.

Précisions

Ce livre rassemble les allocutions faites par l'auteur en 1955 lors des premières réunions de méditation régionales, dites *DMC* pour *DharmaMaháCakra*, de l'école de yoga et de service social Ananda Marga dans le nord de l'Inde.

Sont utilisées ici de nombreuses notions de la philosophie du *tantra*, notamment le concept de cycle de la Création et les notions psychologiques dans une visée sotériologique. Elles sont généralement définies plus amplement dans le cours de l'ouvrage. En annexe, des schémas résument ces notions présentées de façon systématique dans le recueil *La Philosophie de l'Ananda Marga, une récapitulation, vol. 1*, de textes de l'auteur. À la fois philosophique et mystique le livre s'approfondit en deuxième partie avec un aspect plus pratique du cheminement spirituel.

Présentation analytique, résumé

Le premier chapitre introduit la nature intelligente de l'être humain puis nous parle de l'histoire sociale de l'humanité. Il recommande enfin la recherche d'un ordre social harmonieux, favorisant la quête spirituelle.

Le deuxième chapitre présente la nature et le fonctionnement de la force créatrice, les trois aspects de cette puissance agissante divine, leurs couleurs psychiques et leur rôle dans la pratique spirituelle. Sont aussi utilisés la notion de cycle de la Création (résumé par le schéma p. 150) et le rapport de l'Esprit et de l'âme au psychisme (cf. le schéma p. 151 présentant la création de la Pensée divine). On y aborde enfin la notion de vibration, de perception et le Verbe divin.

Le troisième chapitre présente la notion de *karma* et l'attitude psychique permettant d'y échapper.

Le quatrième chapitre nous parle de la nature du psychisme et de ce monde et poursuit aussi d'un point de vue différent la question de comment éviter de créer du *karma*.

Le cinquième chapitre présente les sept sphères d'existence et les cinq niveaux psychiques.

Le sixième chapitre développe la notion des cinq niveaux psychiques, leur rapport à Dieu, à la spiritualité, et les moyens yoguiques de leur purification. Il précise aussi les qualités d'un maître spirituel en rapport avec ces plans psychiques.

Le chapitre sept parle de la nature et du rôle de l'adoration et des différents types d'adorateurs.

Le chapitre huit nous dit pourquoi et qu'est-ce que la pratique spirituelle.

Le chapitre neuf : bonheur et détachement, atteindre au vrai refuge.

Le chapitre dix nous parle de la nécessité du service, le service est action, toute action comme offrande. Qu'est-ce que le service désintéressé, les différents types de services et quelle attitude mentale observer dans le service.

Chapitre onze : Transcendance et immanence, de la nature de Dieu.

Précisions éditoriales

Traduction Jyotsnâ O. Caujolle.

Première édition juin 1994, d'après la version indo-anglaise de 1981. Cette première édition ne traduit pas les citations (bengalies ou sanscrites). Consultants : D. Caujolle, *Ac.* Rudreshánanda *Avt.* et *Av^{tika}* ÁnandaGaorii *Ac.*

Seconde édition mai 2020, revue et corrigée selon l'édition bengalie de 1998 et la traduction indo-anglaise revue et corrigée de 1988 et suivantes, complétée par la traduction directe, non présente dans l'édition anglo-indienne, des nombreuses citations sanscrites, bengalies ou autres non traduites par l'auteur.

Consultants pour la seconde édition : *Ac.* Acyutánanda *Avt.* et *Ac.* Priyashivánanda *Avt* (traduction de poèmes bengalis).

Même si la plupart des discours sur lesquels sont construits les chapitres ont été, semble-t-il, prononcés à l'origine (au moins partiellement) en hindi, vu le lieu des conférences, ils ont été à l'époque traduits en bengali, langue maternelle de l'auteur, puis éventuellement corrigés et complétés par lui-même avant d'être approuvés pour l'impression. C'est cette version bengalie qui fait référence et c'est sur elle que nous nous sommes appuyés. Ces discours ont tous été prononcés en Inde du nord.

Les noms d'auteurs et d'ouvrages ont été, pour une lecture plus agréable, simplement mis entre parenthèses (et non entre crochets) bien que rajoutés par la traductrice.

Les termes sanscrits essentiels ou fréquemment présents dans les traductions indo-anglaises des ouvrages de l'auteur sont régulièrement, ou avant un changement d'usage, mentionnés entre parenthèses dans le cours du texte.

Citations et notes, conventions typographiques

Nous avons traduit le texte sanscrit, bengali, etc. des citations et relégué leur texte original en note. Quand l'auteur traduit lui-même le verset qu'il a cité, nous avons alors rajouté un petit a en indice (a) à la fin de sa traduction, pour la différencier des nôtres. Nous avons placé l'appel d'une note renvoyant au texte original d'une citation après le point final (ou la virgule le cas échéant), permettant ainsi de différencier les notes qui ne renferment que le texte original d'une citation (et parfois aussi des précisions sur le ou les textes d'origine de la citation et son numéro de chapitre et de verset(s)) des autres notes.

Dans les notes en général, une citation non attribuée est de l'auteur.

J.C.

Abréviations

v. : verset ; ndt : note de la traductrice française ; ndéi : note de l'éditeur indien ; suiv. : suivant.

Dans ce livre, Dieu traduit généralement *Brahma*, parfois *Parama Puruśa.* (voir glossaire p. 149)

Le commandement suprême

Méditer deux fois par jour régulièrement nous assure de penser à Dieu au moment de la mort et d'atteindre ainsi à lui. Tout aspirant à la félicité éternelle doit donc méditer deux fois par jour, c'est le commandement du Seigneur.

Sans conduite morale, on ne peut méditer, suivre les principes moraux spirituels[1] est donc également le commandement du Seigneur. Refuser ce commandement n'est rien d'autre que se jeter dans les affres de la vie animale pour des millions d'années.

Pour que personne ne subisse de tels tourments, que chacun puisse jouir de la Paix éternelle sous la protection aimante de Dieu, c'est le devoir de chaque pratiquant de s'efforcer d'amener tout le monde sur le bienfaisant chemin de la Félicité. Conduire autrui à la voie juste fait partie intégrante de la pratique spirituelle.

Shrii Shrii Ánandamúrti

---

[1] L'éthique yoguique (p. 142).

Transcription latine du sanscrit, bengali, etc.

Pour rester en harmonie avec les versions anglo-indiennes des textes de l'auteur, et à la demande expresse de l'éditeur indien, nous avons adopté la transcription suivante, choisie par l'auteur dès 1955, de l'alphabet ou plus précisément l'alpha-syllabaire sanscrit en caractères latins, également adaptée à diverses langues indiennes, notamment le bengali :

a, á, i, ii, u, ú, r, rr, lr, lrr, e, ae, o, ao ; aṁ ; ah
ka, kha, ga, gha, uṇa (vélaires, dites gutturales)
ca, cha, ja, jha, iṇa   (palatales)
ṭa, ṭha, ḍa, ḍha, ṅa   (rétroflexes dites aussi « cérébrales »)
ta, tha, da, dha, na   (dentales)
pa, pha, ba, bha, ma (labiales)
ya, ra, la, va   (semi-voyelles)
sha, śa, sa   (sifflantes palatale, rétroflexe et dentale)
ha, kśa.
L'apostrophe note l'élision du *a*.

Le *ṇ* note le *candra-bindu/anunásika* (˘) et le *nádabindu* (˘) (du son *oṇm* par exemple) qui sont, comme l'*anusvára (aṁ)*, des nasalisations de la syllabe précédente. Dans quelques noms d'ouvrages sanscrits ou d'auteurs nous avons parfois transcrit le le n palatal *(iṇa)* par *ña*, plus courant.

1. Pour un système social harmonieux

La réalité matérielle est l'expression ultime de l'objectivation de la Pensée divine[1]. Sous le léger toucher du Très-Haut *(Puruśottama)* immense, connaissant et au-delà de ce monde, la vie apparut dans cette existence matérielle dans un mouvement de retour/réabsorption *(pratisaiṇcara)* de l'imagination divine[2]. Plus cette existence animée de l'éclat divin baignait dans la lumière divine, plus la capacité de penser s'éveillait en elle, la mettant sur la voie de la conscience spirituelle. Au cours de cette évolution, la plus élevée de ces créatures intelligentes parvint à accélérer son retour à l'Esprit. On appelle « être humain » *(mánava ou mánuśa)*, autrement dit « être pensant[3] », cet être vivant le plus élevé.

Le développement intellectuel n'est pas uniforme dans l'humanité, il n'y a pas deux personnes identiques. Si l'on examine la progression temporelle, on voit que l'être humain des temps anciens était moins développé intellectuellement que celui d'aujourd'hui. Des centaines de milliers d'années en arrière, quand l'évolution permit la naissance du premier enfant humain, ce dernier ne trouva pas cette terre aussi sûre qu'aujourd'hui. Il y

---

[1] « Du *citta* divin ». Voir *L'Ánanda Márga, philosophie élémentaire* (dans *La Philosophie de l'Ánanda Márga, une récapitulation, vol 1)*, cf. p. 146. (ndt)
[2] Voir p. 150 le schéma du cycle de la création. La phase d'« extériorisation » de l'Esprit (nommée *saiṇcara*) aboutit à la matière puis à la vie d'où part l'Évolution, phase de réabsorption, de retour à l'Esprit, de spiritualisation, appelée *prati-saiṇcara*. (ndt)
[3] La racine sanscrite « *man* » signifiant penser. (ndt)

avait de tous côtés de denses étendues boisées infestées d'animaux et de reptiles féroces, d'énormes bêtes carnivores aux dents acérées rôdant à la recherche d'une proie. Il n'avait pas l'environnement d'un doux foyer pour le protéger de la pluie, de la foudre, des ouragans et des tempêtes. La chaleur torride du soleil de midi qui dardait ses rayons brûlants tentait de détruire la vie naissante du petit enfant. Voilà où il en était.

Ces circonstances ne permettaient pas à l'être humain d'alors de se développer intellectuellement et de se consacrer à l'introspection. Il mettait toute son énergie à préserver sa vie contre la nature impitoyable. En cette ère d'âpre lutte, la chose la plus importante était la force physique. À cette époque lointaine, l'être humain comprit que la force primait le droit. Toutes les forces extérieures lui étant hostiles, il ne se sentait pas en sécurité en vivant ainsi isolé d'autrui. C'est pourquoi il s'en rapprocha et forma de nombreux petits groupes, clans ou tribus dans le seul but de préserver son existence par un combat collectif.

À cette époque, la personne la plus forte d'une tribu devenait son chef et le héros adulé de la communauté. C'est ainsi qu'en ce lointain passé s'établit la toute première société fondée sur la prouesse physique individuelle, une société dirigée par les guerriers *(kśatriya)*.

Le monde évoluant, la structure de la société humaine primitive montra ses limites. Les êtres humains prirent conscience que la force physique ne suffisait pas : l'intelligence était nécessaire pour la diriger et leur permettre d'accéder à un véritable progrès matériel. Les premiers qui inventèrent l'usage de la friction pour faire du feu, apportant une agréable sensation de chaleur au corps humain glacé par les froides nuits d'hiver, acquirent une supériorité parmi le peuple. Supériorité qu'ils obtinrent non par leur force physique mais par leur intelligence. La société tenait ces pionniers du bien-être humain dans la plus haute estime, les honorant du nom de sages *(rśi)*.

Le temps passa, les êtres humains apprirent à utiliser le feu pour rendre les aliments savoureux et digestibles grâce au feu. L'on qualifia ainsi également de sages ceux qui enseignèrent l'usage du feu, les voyant comme les disciples des premiers sages inventeurs. Ceux qui découvrirent l'art du tissage, permettant aux humains nus de se vêtir, ceux qui enseignèrent comment domestiquer les animaux ct fournir du lait de vache aux bébés en manque de lait maternel, ceux qui trouvèrent une solution au problème du transport en inventant le char à bœufs sont tous les pères de la société humaine. Chacun d'entre eux est vénérable et mémorable. La société guerrière honorait ces inventeurs, pionniers de l'innovation sociale, du titre de savant *(vipra)* et les couvrait d'honneurs.

Les années passèrent. L'homme se familiarisa de plus en plus avec le monde extérieur. Il apprit à utiliser de plus en plus d'objets et à s'en servir de mieux en mieux. Par tempérament, certains se préoccupaient des objets matériels cherchant à les rendre plus utiles. On qualifiait ces gens de « *vaeshya* » [artisans et cultivateurs].

Par une règle naturelle, les gens de savoir et les guerriers s'assujettirent graduellement aux artisans et fermiers, simplement pour préserver leurs existences. Sans les cultivateurs et les tisserands, il n'y aurait eu ni nourriture, ni vêtements. Les forgerons, potiers, cordonniers, maroquiniers, etc. aussi s'avéraient indispensables. La société établie sur le savoir n'eut pas d'autre choix que de se soumettre à la souveraineté des producteurs.

Ceux qui n'avaient aucune de ces qualités – savante, guerrière ou productrice/commerçante – devinrent les prolétaires *(shúdras)*, serviteurs soumis de ces trois classes, et c'est pourquoi celles-ci les exploitèrent sans merci.

Le monde évolua un peu plus et la structure sociale se transforma. Suite aux changements toujours à l'œuvre dans la création, l'être humain découvrit l'argent. Celui-ci acquit progressivement l'importance d'un moyen fondamental à l'obtention du bonheur. Cela favorisa l'apparition de tensions entre les hommes car celui qui amassait le plus d'argent devenait le plus riche. Il lui suffisait de le vouloir pour avoir de vastes terres et toutes les facilités de la vie. Dans une société dominée par les producteurs et les commerçants, plus riches que les autres, la population dépendait de leur bon vouloir pour sa subsistance. Cette même société dominée par la production et le commerce existe aujourd'hui. À la suite de leur exploitation, les communautés intellectuelle et guerrière ont été réduites au rang de prolétaires. Il est naturel que seules quelques personnes puissent connaître l'opulence et que les prolétaires soient les plus nombreux. Ceux-ci sont aujourd'hui collectivement déterminés à briser et à détruire le pouvoir des gens de commerce, ce qui indique clairement l'émergence d'une domination des prolétaires. Mais une société aux mains des prolétaires est-elle le terme de l'évolution sociale ? Cela ne s'opposerait-il pas à la prospérité matérielle et au progrès spirituel de l'humanité ?

Ce combat pour le pouvoir au peuple a permis de commencer à comprendre quel schéma social pourrait garantir une société véritablement heureuse. Aucun groupe ne devrait dominer la société. Le pouvoir de l'un implique l'exploitation inévitable des autres, c'est pourquoi ce qui est à désirer est une société où des droits égaux et des occasions égales soient garantis à tous. Un système social plein de justice est nécessaire au progrès de l'humanité. Nombre d'étudiants de génie sont contraints d'abandonner leurs études par manque d'argent, et pour la même raison, de nombreux artistes sont obligés de limiter leur extraordinaire talent ; tout cela à cause d'un mauvais ordre social. On ne peut pas laisser cela continuer. Les capitalistes avides et rusés ont, à l'instar des oiseaux tisserands, tissé un nid très serré. L'intérêt collectif de la société humaine réclame qu'on mette ce nid en pièces. Alors seulement pourrons-nous conduire la société vers le Suprême Bien. Sinon, seule une poignée de personnes pourra peut-être atteindre à la perfection, mais tant qu'il n'y aura pas une totale transformation [de la société], il sera extrêmement difficile de conduire toute la société à la Béatitude suprême. Les heurts et les conflits du monde matériel attireront continuellement l'attention de l'être humain vers les objets extérieurs et s'opposeront à son équilibre.

Dans un ordre social parfaitement harmonieux[1], personne ne courra sans retenue vers le renom ou la fortune. L'harmonie de l'environnement extérieur favorisera l'atteinte de l'harmonie mentale et les aspirations d'ordre matériel diminueront progressivement.

> *De celui qui, plein de désirs, se sent pauvre ou de*
> *celui qui est complètement satisfait mentalement,*
> *qui est le riche, qui est le pauvre ?*[2]
>
> (Bhartrihari, *Cent Strophes sur le détachement*)

Ô être humain ! Construis une structure sociale qui prenne en compte les besoins humains. Ne fais rien par étroit intérêt personnel ou collectif car tout ce qui est accompli dans un esprit fragmentaire, sans vision universelle, ne peut durer. Le toucher cruel du temps le reléguera inévitablement dans un insondable oubli.

---

[1] Lire le recueil *(La Démocratie économique,)* la *Vision de la Tup,* la *Théorie de l'Utilisation progressiste,* la théorie socio-politique de l'auteur (publié sous son nom civil : Prabhat Ranjan Sarkar). (ndt)

[2] *Sa tu bhavati daridro yasya áshá vishálá, manasi ca parituśíe ko 'rthaván ko daridrah.* [Bhartrihari, sage-poète du 7ᵉ siècle, *Vaerágya-Shatakam, 53.*]

Comment agir et que construire, détruire ou préserver ne s'apprend pas nécessairement dans les livres, mais seulement en considérant chaque être vivant de cet univers avec de sincères sentiments d'amour et de sympathie. Là seulement prendrez-vous conscience que tout ce que vous faites, préservez ou détruisez vibre et demeure en l'Être suprême ; vous comprendrez que toutes vos activités, négatives et positives, baignent dans la Divine Béatitude.

Si vous agissez avec cette connaissance et cet amour spirituels, le But de votre vie, ce suprême trésor que vous aviez sans le savoir gardé précieusement enfoui au plus profond de votre cœur, vous apparaîtra.

> *Cette Divine Joie qui débordant en d'incessantes cascades de parfums, de couleurs et de chants fait danser les saisons.* [1]

Rabîndranâth Tagore

Jâmâlpur,
Grand rassemblement spirituel *(DMC[2])*
1er janvier 1955

---

[1] *Sei Ánanda caraṇa-páte śaḍ rtu ye nrtye máte, Plávana vaye yáya dharáte varana-giiti-gandhe re. (Giitáiṇjali, 36 (L'offrande lyrique, 70) ; Pújá, 315)*
[2] *DharmaMaháCakra.* (ndt)

2. Dieu et la Force créatrice
(Prakrti-tattva et *Oṇṁkára-tattva)*

La Force opératrice (Prakrti) est celle qui produit,[1] autrement dit qui crée la diversité. L'existence des hommes, des animaux, des plantes et de la matière au sein de Dieu éternel, absolu, infini et parfait, relève entièrement de cette Force créatrice. En d'autres termes, elle est la force responsable de la création de ce monde abondant en variétés et en espèces.

L'Esprit *(Puruśa)* n'étant que conscience, il ne peut pas se manifester sans cette force créatrice. Celle-ci est ainsi indispensable partout dans ce monde créé, pour toute création, maintien ou destruction. Le mot *nature* de la langue anglaise n'équivaut pas au mot sanscrit *prakrti*. La nature est le mode opératoire *(dharma)* de la Force créatrice, on emploie communément le mot nature pour désigner ce que fait la Force créatrice.

L'Esprit n'est que pure conscience, il est la Présence omnisciente, témoin de tout ce que fait la Force créatrice. Là où l'Esprit prédomine, la Force créatrice ne se manifeste pas, elle demeure en lui en suspens.

La Force créatrice est formée de trois composantes délimitant/tendances qu'elle combine. Notez qu'elle ne désigne pas un simple agrégat de ces tendances mais un état qui les combine. Ces tendances *(guṅas)* sont dites consciente *(sattva)*, active *(rajah)* ou statique *(tamah)* selon les manifestations auxquelles elles donnent lieu. Voyons maintenant ce que signifie ici le mot

---

[1] *Prakarotiiti prakrti.* (*Yuktidiipikâ v. 2* (commentaire de la Sâṁkhya (*Sâṁkhya-kârikâ*))

guṅa ? Renvoie-t-il au sens « qualité » *(quality)* ? Non, dans son acception philosophique, le terme *guṅa* renvoie au sens « lien », un lien servant à circonscrire. *Guṅa* désigne ici la Force créatrice qui contraint l'Esprit à épouser différentes formes ou idées. Le mot anglais *tendency* représente, en gros, un synonyme de *guṅa*.

Quand la Force créatrice est dormante, il n'y a aucun sentiment de je qui soit l'objet de l'Esprit, pas la moindre manifestation mentale. Mais sous l'action de l'aspect conscient de la force *(sattva-guṅa)* sur l'Esprit, un sentiment de je, une conscience d'exister apparaît. C'est le rôle de la tendance *(guṅa)* consciente de faire naître cette manifestation, ce sentiment d'existence : sous l'action de la tendance consciente, l'Esprit non partitionné devient contraint par un sentiment de moi. Limité par la notion d'identité, il apparaît à ce moment-là naturellement différent de son état témoin/connaissant. Nous l'appelons alors, en philosophie, le « grand principe » *(mahattattva[1])*/je existentiel.

Les tendances de la Force agissent en général conjointement. Partout où opère la tendance consciente, il se peut que s'exercent les tendances active *(rajas)* et statique *(tamas)*. Nous clarifions cela ci-dessous :

La tendance statique *(tamoguṅa)* se caractérise par l'état résultant final, statique. Comme un résultat est toujours précédé de l'action qui l'a engendré, la tendance active *(rajoguṅa)*, dont la caractéristique est d'effectuer l'action, existe partout où il y a la tendance statique. Pour qu'il y ait action, le je doit obligatoirement être présent, sinon qui accomplirait l'action en l'absence de je ? Or nous avons vu plus haut que c'est la tendance consciente qui procure la conscience de l'existence [autrement dit

---

[1] Les vingt-quatre « principes » *(tattva)* fondamentaux furent présentés et introduits par le *sāṁkhya* de Kapila, premier système philosophique. (ndt)

qui crée le je]. La tendance consciente doit donc également être présente là où l'est la tendance active.

La présence de la tendance consciente rend possible mais non obligatoire celle des tendances active ou statique. Tandis que quand la tendance statique est présente, les tendances conscic et active le sont immanquablement. De même, partout où il y a la tendance active, il y a la tendance consciente.

La tendance consciente procure la conscience de l'existence, la joie et la légèreté. L'active génère l'action, maintient le je en action. Quant à la statique, elle procure le résultat, prend la forme résultante.

La tendance	consciente	conscience de l'existence, joie, légèreté
	active	engendre l'action et l'entretient
	statique	procure le résultat, la forme résultante

Il faut bien noter que la tendance consciente n'engendre pas l'inactivité, qui est une conséquence de la tendance statique. L'inactivité englobe le sommeil de la mort mais pas la profondeur de la connaissance. Un combat incessant entre les tendances active et statique est en cours dans tous les objets de ce monde. Tant que la tendance active prévaut, le bel éclat de la tendance consciente demeure. Prenons un bourgeon : son épanouissement progressif, victoire de la tendance active sur la tendance statique, culmine dans le gracieux éclat de la floraison, manifestation de la tendance consciente. Mais dès que la force de la tendance active s'est épuisée, la tendance statique prend immédiatement le dessus : la fleur se fane peu à peu, l'éclat de la tendance consciente s'évanouit, et la fleur meurt sous l'appétit insatiable de la tendance statique. Que ce soit dans la transformation de la graine en pousse, de la pousse en feuille ou dans la chute automnale qui suit, dans le passage de l'enfance à la jeunesse, ou le déclin de la jeunesse jusqu'au grand âge, le combat entre les tendances active et statique se manifeste clairement. C'est la lutte entre le créateur et le destructeur *(Hari* et *Hara)*.

L'action de la Force opératrice *(Prakrti)* sur l'Esprit fait naître le psychisme, caractérisé par la pensée. Lorsque le psychisme va du subtil au grossier, et qu'il s'absorbe dans les objets matériels, il suit le flot de la phase d'objectivisation divine/de matérialisation *(saiṇcara)* [de la Création] qui l'éloigne de l'Esprit. Puis, lorsqu'il progresse des objets physiques vers le subtil jusqu'au principe mental/je existentiel[1], sous l'effet de l'attraction [spirituelle], il parcourt le chemin de retour à l'Esprit/de l'évolution *(pratisaiṇcara)*. La matérialisation est un mouvement principalement dirigé par la tendance statique, la spiritualisation/ l'évolution un mouvement dirigé par la tendance consciente. Le courant de matérialisation crée de l'inertie tandis que celui de spiritualisation promeut des sentiments spirituels.

L'Esprit, lui, est non affecté par l'activité matérialisation/ spiritualisation ; situé au centre, au cœur de ce cycle d'imagination, il en est le Sujet connaissant : ce cycle de pensées est son objet, autrement dit, c'est lui qui pense.

Cette Psyché divine s'est formée sous l'action de la Force opératrice *(prakrti)* sur le Pur Esprit *(Puruśa)*, et ce monde physique si diversifié constitue son état de matérialisation maximum. Là où le cycle matérialisation/évolution ayant l'Esprit à sa source ne se produit pas, on dit l'Esprit non affecté par les tendances *(nir-guṇa)* (de la Force). Ceux qui affirment que la Force (agissante) est illusoire, sans réalité, se trompent[2] : si elle était sans réalité, d'où viendraient nos perceptions ? Car si l'objet imaginé est irréel, l'imagination est elle bien réelle.

---

[1] Voir schémas p. 150 et 151. (ndt)
[2] L'auteur fait ici référence à la théorie du monisme absolu ou non-dualité (on dit aussi *vedânta*) prônée par Shankara (8ᵉ s.) qui affirme : *Dieu seul est réel, le monde est irréel...* (ndt)

Derrière l'activité de ce monde se trouve un divin magicien. Créateur et régent de ce monde, il est lui-même tout ce qui est et sera créé. Celui qui perçoit cela a atteint à l'état immortel/[Dieu].[a][1]

Il n'y a partout que Dieu, seule entité. Dieu dirige ce monde manifesté par sa Force opératrice. Au moment de la fin, tout ce qui est créé s'absorbe en lui. Ayant créé ce monde, il s'y est caché.[a][2]

(Shvetáshvatara Upaniśad)

L'Esprit en tant que témoin/entité connaissante *(jiṅátá puruśa)* ne s'écarte pas de sa nature originelle, on le dit donc immuable *(akśara)*. Une partie de l'Esprit se transforme en l'objet de ce Sujet connaissant/cette Conscience témoin, autrement dit elle en devient le psychisme/la pensée, permettant qu'apparaisse la matérialisation suivie de l'évolution. Cette partie devient ainsi du « changeant » *(kśara)*. Si nous considérons l'âme d'un individu comme de l'immuable et son psychisme comme du changeant, il nous faut alors considérer Dieu se manifestant *(Saguṅa Brahma[3])* comme une collectivité d'immuables plus une collectivité de changeants.

C'est la Force opératrice qui transforme par son mystérieux jeu créateur ce psychisme collectif/global en psychismes individuels, et qui crée ainsi l'âme individuelle en tant que l'entité témoin/connaissante de ces psychés individuelles.

---

[1] *Ya eko jálaván iishata iishaniibhih, Sarváṇl lokán iishata iishaniibhih ;*
Ya evaeka udbhave sambhave ca, Ya etad vidur amrtás te bhavanti. (3,1)

[2] *Eko hi Rudro na dvitiiyáya tasthur ya imáṇl lokán iishata iishaniibhih ;*
Pratyauṇ janáṁs tiśthate saṁcukopánta-kále saṁsrjya vishvá bhuvanáni gopáh. (3,2)

[3] On distingue *Saguṅa Brahma* et *Nirguṅa Brahma,* un peu comme l'on parle en occident de Dieu immanent et Dieu transcendant. (ndt)

> *Cet univers est la Forme de la Déesse[1], tout ce qu'on voit dans ce monde est fait de la déesse ! Je m'incline devant elle, Mère du monde, qui revêt toute forme.$_a$[2]*
>
>   *(Márkańdeya Puráńa[3])*

On peut se demander comment cette Force créatrice est apparue. Nous savons qu'elle a créé le psychisme, puisque celui-ci s'est formé par son action sur l'Esprit. Une fonction du psychisme est de permettre la connaissance du temps (qui passe), il ne peut y avoir de connaissance du temps sans le psychisme qui le crée et le mesure. La Force étant à l'origine du psychisme, elle est au-delà du temps, elle est éternelle, sans commencement :

> *L'Éternelle rouge, blanche et noire procrée une nombreuse progéniture de sa propre forme,*
> *L'Éternel qui lui est étroitement associé jouit d'elle, l'autre Éternel échappe à celle dont on peut jouir.[4]*
>
>   *(Shvetáshvatara Upaniśad)*

La Force créatrice est « non née »/éternelle : cette force qui produit et crée tout est elle-même sans naissance[5]. Elle est composée de trois couleurs : rouge, blanc et noir. Sa tendance consciente est blanche, l'active est rouge et la statique, noire.

Ces couleurs se manifestent clairement dans la psyché, en correspondance avec ses diverses propensions : telles propen-

---

[1] La Force opératrice.

[2] *Sarva-rúpa-mayii devii sarvaḿ devii-mayaḿ jagat ;*
Tato 'haḿ vishva-rúpáḿ táḿ namámi Parameshvariim.

[3] *Aparádha-kśamápańa stotram (5)* (appendice à toute récitation traditionnelle du *Devii-máhátmya/Durgá-Saptashatii (Cańdii-pátha)* (chapitres 81 à 93/79-90 du *Puráńa*). (ndt)

[4] *Ajám ekáḿ lohita-shukla-krśńám, bahviih prajáh srjamáńáḿ svarúpáh,*
Ajo hy eko juśamáńo 'nushete, jaháty enáḿ bhukta-bhogám ajo 'nyah. (4, 5)

[5] Autrement dit : éternelle et sans cause. Ce verset comme aussi les deux précédents est commenté dans *L'Enseignement philosophique et spirituel de la Shwetâshwatara Oupanishad*, de l'auteur. (ndt)

sions, telle couleur. Ces couleurs sont psychiques, elles se rapportent à l'état d'esprit et non au corps. Ces états de vie, naturels, sont sans rapport avec la caste du système de castes créé par des opportunistes sur la base de leur naissance[1].

Nous avons vu que le phénomène de la matérialisation, qui éloigne de l'Absolu *(Brahma),* est dominé par la tendance statique, tandis que l'évolution, mouvement d'attraction vers Dieu *(Brahma),* l'est par la tendance consciente. L'évolution conduit l'être vivant jusqu'à l'état spirituel, elle fait s'unifier sa conscience existentielle limitée à celle infinie de l'état universel. C'est pourquoi une personne dotée d'une vision intérieure s'aide de la tendance consciente dans la phase initiale de son effort d'atteindre au monde intérieur. Elle avance ainsi à un rythme rapide. Elle s'aperçoit alors que la paix et la lumière émanent de plus en plus d'elle. Cette pureté intérieure apparaît également dans ses activités extérieures, c'est pourquoi une personne à la tendance consciente ne peut se cacher, quoi qu'elle fasse. De même, les personnes aux propensions actives comme celles aux propensions statiques ne peuvent se dissimuler aux gens ordinaires. Si une personne aux propensions actives tend vers le statique, sa couleur caractéristique, le rouge, fonce et s'assombrit ; inversement si elle tend vers le conscient, le rouge s'éclaircit en un blanc éclatant.

Dans l'état divin « dénué des tendances »[2] *(nirguña brahma),* conquête la plus sublime de la pratique spirituelle, la Force créatrice est dormante. Cet état non caractérisé est de ce fait dénué de toute couleur. Ceux qui y aspirent aspirent donc également à se dégager de toute couleur. Le but suprême, Dieu suprême *(nirguña)* étant libre de toute différence, ceux qui y

---

[1] Couleur est ici *varña*, signifiant également caste. Les castes ont été fondées sur le statut/l'activité (professionnelle) et rendues héréditaires. (ndt)
[2] L'état de transcendance absolue. (ndt)

aspirent devraient, dès le commencement, renoncer à toute différentiation, intérieurement et extérieurement. Voilà pourquoi les membres de l'Ánanda Márga n'ont pas de caste, ils ne reconnaissent pas cette douloureuse classification mensongère. L'idée de caste contribue directement ou indirectement à propager les caractéristiques de la tendance statique se répandant alors sans obstacle au plus profond du cœur.

> *L'orgueil de sa caste/couleur ou de son état social[1] rend l'être humain esclave des Écritures[2]* – le laissant sous la domination des trois tendances –. *Seuls ceux qui renoncent aux castes et statuts sociaux peuvent atteindre à l'état sublime au-delà du domaine des Écritures.*[a3]
>
> (*Ájñána-Bodhinii Tantra*)

Ô voyageurs sur la route de la Béatitude ! Il vous faut vous élever au-dessus des distinctions de caste et atteindre un état au-delà de toute caractéristique *(guńa)*. Vous ne devez pas aspirer à la blancheur du savant, au rouge du guerrier, au rouge et noir (le jaune) du marchand ou au noir de l'ouvrier[4] mais vous élever au-dessus de tout cela. Pour atteindre l'état de Transcendance absolue, au-delà de tout attribut, méditez sur l'Esprit, concevez-vous comme incommensurable/sans limite *(brhat)*, tel qu'est votre réelle nature. Il vous faut bien sûr acquérir au début la lumière blanche de la connaissance, puis vous libérer finalement du savoir pour vous fondre en l'Esprit, libre de toute couleur.

---

[1] L'*áshrama* : les états d'étudiant, de maître de maison ou d'ascète. (ndt)
[2] Un certain nombre de règles et de rites correspondant à chaque caste et chaque état social est décrit dans les Écritures. (ndt)
[3] *Varńáshramábhimánena shruti-dásye bhaven narah ;*
Varńáshramavihiinash ca vartate shruti-múrdhani.
[4] *(Vipra, kśatriya, vaeshya* ou *shúdra).* Ce sont les castes de base, elles-mêmes furent ensuite divisées en sous-castes. On voit que les castes sont à la base définies par la fonction sociale. (ndt)

Il est difficile de surmonter ma divine, suprême Force d'illusion aux trois tendances [dit le Seigneur]. Ceux qui s'absorbent, s'abritent en moi peuvent la transcender.[a][1]

(Bhagavad Giitá)

On comprend bien qu'au cours du mouvement de retour en l'Esprit, Dieu s'aide de la tendance consciente de la Force opératrice pour attirer le monde animé à lui, permettant ainsi le salut des êtres vivants. Il est donc parfaitement vrai que la Force opératrice participe au salut. L'on doit néanmoins, pour accomplir la destinée humaine qui est de s'établir dans la Sagesse suprême et connaître l'état absolu/au-delà des tendances, se consacrer à l'Esprit et non à la Force. Le but ultime est l'Esprit, pure cognition, éternel et immuable, libre de l'action de la Force. On ne peut y atteindre en étant soumis à la Force opératrice. C'est pourquoi le pratiquant du tantra dit plaintivement :

Ô Force divine, ta puissance infinie imprègne tout, tu es la cause de cet univers, toi, la magie suprême ! La création est comme hypnotisée sous ton emprise – soumise aux pulsions enchaînantes et égoïstes[2] –, ton apaisement seul ouvre la porte de la libération.[a][3]

(Márkańdeya Puráńa)

---

[1] *Daevii hy eśá guńa-mayii mama máyá dur-atyayá,*
Mám eva ye prapadyante máyám etám taranti te. *(7.14)*

[2] « On désigne sous le terme de pulsions égoïstes/d'« ennemis » *(ripu)* [(« ce sont des ennemis parce qu'en nous faisant nous tourner psychiquement vers le grossier, elles stoppent notre avancée vers le subtil »)] les six faiblesses intérieures : le désir, la colère, l'avidité, l'orgueil, l'engouement et la jalousie/l'envie [qu'il nous faut maîtriser]. Puis, lorsque nos diverses limitations mentales exploitent ces ennemis pour accroître leur emprise sur nous, elles font naître les huit « entraves »/pulsions enchaînantes *(pásha)* : la haine, le doute, la peur, la honte, le rejet/la critique négative, l'attachement au lignage, l'orgueil de sa conduite morale et le sens erroné du prestige [qu'il nous faut combattre]. » « *The Acoustic Roots of the Indo-Aryan alphabet* » de l'auteur.

[3] *Tvaḿ vaeśńavii shaktir ananta-viiryá, Vishvasya biijam paramási máyá ;*
Sammohitaḿ devi samastam etat, Tvaḿ vae prasanná bhuvi mukti-hetuh.
[(Márkańdeya Puráńa 91,4, Devii Máhátmya (Durgá-Saptashatii) 11,4)]

Je disais donc que l'on doit diriger son effort vers l'Esprit/vers la Divine Faculté cognitive, et non vers la Force opératrice, car diriger son aspiration vers cette divine force naturante nous conduit à un état grossier : nos pulsions ennemies et enchaînantes *(páshas)* se renforcent imperceptiblement résultant en un désir soutenu de réaliser nos petits intérêts propres.

À l'état manifesté, la Puissance de Dieu/Force divine *(prakrti)* n'est pas à l'état d'équilibre, elle nourrit en son sein une lutte permanente : création et destruction s'opposent jusqu'à ce que naisse une force créatrice. Les ruines de la destruction sont ainsi animées des vibrations d'une vie nouvelle.

Il n'est pas juste de considérer cette Force opératrice *(prakrti)* comme l'ennemie de l'humanité car en utilisant adéquatement ses trois tendances/influences, l'être humain peut arriver à la plénitude, au Suprême Bien, but de son cheminement. En s'aidant de la tendance consciente de la Force, sur le chemin de l'évolution, il peut atteindre au firmament de son être. La Force faisant tourner ce monde n'est-elle donc pas bienveillante ? S'en plaindre sans recourir aux pratiques spirituelles ne dénote qu'inertie, ce qu'on ne peut encourager.

L'Esprit et la Force sont-elles deux entités indépendantes ? Absolument pas, bien que pour rendre le discours philosophique intelligible, on emploie ces deux termes séparément. L'Esprit et la Force sont non seulement liés, mais inséparables, l'un ne peut aller sans l'autre tout comme le lait et sa blancheur ou le feu et sa capacité de brûler.

Le pratiquant atteint à sa véritable nature lorsque dans sa pratique spirituelle, la Force en vient, pour lui, à s'absorber en l'Esprit. Tant qu'il maintient une distinction entre l'Esprit et la Force, il se pense petit et s'efforce donc en vain de connaître la béatitude. Il continue à s'empêtrer dans le filet des actions et de leurs réactions *(samskáras)*.

Dans le monde purement spirituel, [la Force] ne fait qu'un avec l'Esprit, elle ne se manifeste pas, mais le recouvre, les deux semblent tel le pois chiche. Il se sépare en deux, privé de l'écorce de la Force, quand elle se dresse, germant, se divisant en parties. Avec la séparation en Esprit et Force agissante, l'œuvre de la Création commence.[1]   *(Tantra[2])*

Tant que le pois ne germe pas, il semble être d'un seul tenant. Mais dès qu'il germe, les cotylédons se séparent. La différence entre l'Esprit et la Force apparait clairement dans ce monde fait de différences.

Plus vous progressez dans votre pratique de l'état spirituel *(shivatva)*, plus vous observez que la Force, subjuguée, s'unifie à vous. Au stade de l'unité *(kaevalya)*, on ne peut appréhender séparément les deux entités.

En vérité tu es un et un seul, toi qui te manifestes dans ces deux entités, l'Esprit et la Force.ₐ[3]

Ce monde physique, mental et astral[4] est pour l'Esprit divin ce que perçoit sa propre Pensée/son propre Psychisme créé par la Force. Mais, même si, comme nous l'avons vu précédemment, l'Esprit divin immuable, centre de toute vie, lumière de tout ce qui est, reconnaît ce que perçoit sa propre psyché comme son objet, comme rien n'existe en dehors de sa forme infinie et sans limite, la Force opératrice ne peut pas le doter de facultés sensorielles ou motrices *(indriya)* [qui serviraient à percevoir un

---

[1] *Satyaloke nirákárá mahájyotih-svarúpiñii, Má[ya]yáccháditátmánaṁ cañakákára-rúpiñii, Máyá-valkalaṁ saṁtyajya dvidhá bhinná yadonmukhii, Shiva-shakti-vibhágena jáyate srśti-kalpaná.*
[2] Selon une version du *Nirváña Tantra (1.14-16)*, verset cité dans le *Sarvollása-tantra (5.1)*, voir aussi le *Práñatośiñii 1*, etc. (ndt)
[3] *Tvam eko dvitvam ápannah Shiva-shakti-vibhágashah.*
[4] *(Sthúla, súkśma et káraña).*

au-dehors ou à y agir], ni lui assigner de limite temporelle, spatiale ou personnelle. Pour celui au-delà duquel il n'y a rien, la question de recevoir ou d'émettre des ondes *(tanmátras)* ne se pose pas.

Dieu est sans mains ni pieds, il saisit et court pourtant. Sans yeux il voit, sans oreilles il entend ; il connaît ce qui est à connaître mais personne ne peut connaître ce suprêmement grand être nous disent [les sages].[1]

            (Shvetáshvatara Up.)

[Dieu] est l'ouïe de l'oreille, la pensée de la pensée, la voix de la voix, le souffle du souffle, la vision de l'œil ; les sages, en s'échappant et se retirant de ce monde-ci, deviennent immortels[2]. *(...) Ils nous disent :*

« Reconnais pour Dieu celui qui conçoit la pensée mais que la pensée ne peut concevoir, et non ce que l'on adore ici-bas ! Reconnais pour Dieu celui grâce auquel les yeux voient mais que l'œil ne peut voir, et non ce que l'on adore ici-bas ! »[3]

           (Kena Upanishad)

Quand, s'aidant de la tendance consciente de la Force, le pratiquant s'absorbe en l'Immuable divin, qu'il fait de la Psyché universelle sa demeure, on parle d'union spirituelle avec participation mentale *(savikalpa*[4] *samádhi)*. Mais s'il prend pour objet de sa conquête et but de sa vie quelque chose de limité et de

---

[1] *A-páni-pádo javano grahiitá, Pashyaty acakśuh Sa shrńoty akarńah ;*
Sa vetti vedyam na ca tasyásti vettá,
Tam áhur agryam Puruśam mahántam. (3,19)

[2] Ils atteignent à l'état immortel, autrement dit à Dieu. (ndt)

[3] *Shrotrasya shrotram manaso mano yad vácá hi váco sa u pránasya pránah,*
Cakśuśash cakśur atimucya dhiiráh pretyásmánl lokád amrtá bhavanti. (...)
Yan manasá na manute yenáhur mano matam, Tad eva Brahma tvam viddhi nedam yad idam upásate. Yac cakśuśá na pashyati yena cakśúmśi pashyati, Tad eva Brahma tvam viddhi nedam yad idam upásate. (1, 2 et I, 6-7)

[4] *Sa-vikalpa («avec vikalpa»)* s'oppose à *nir-vikalpa (nir* = sans). (ndt)

périssable, il est sans s'en apercevoir conduit, par les lois de la nature, vers les qualités inférieures de la nature humaine/statiques, vers le grossier, vers l'animalité. La tendance statique est inertie, et de ce point de vue on peut dire que la tendance active est dynamisme et la tendance consciente, harmonie parfaite.

tendance statique *(támasika)*	inertie
tendance active *(rájasika)*	dynamisme
tendance consciente *(sáttvika)*	harmonie

Nous avons vu que les trois tendances agissent habituellement ensemble en toute chose. Si la tendance consciente prédomine en un objet, on le dira conscient, si la tendance active y prédomine, on le dira actif, et si la tendance statique y prédomine, on le dira statique. Quelle que soit la tendance prédominant dans un objet, en un même lieu et moment, différentes personnes percevront cet objet différemment, c'est-à-dire que dans les mêmes circonstances, une entité donnée de ce monde peut plaire à certains, déplaire à d'autres ou laisser indifférents d'autres encore.

Une personne de nature impartiale qui est juge ou magistrat de la fonction publique, ayant la qualité consciente, sera aimée de ses concitoyens pacifiques. Elle sera par contre impopulaire auprès des personnes malfaisantes, qui la jugeront indésirable. Quant aux personnes ne faisant pas partie de son secteur, elle les laissera indifférentes. De même, une belle femme est bien-aimée par son mari, laisse indifférents les autres et est indésirable pour une co-épouse.

Une personne consciente trouve la tendance consciente dans chaque chose qu'elle considère, de même une personne active pour la tendance active et une personne statique pour la tendance statique. En visitant Bénarès *(Káshi)*, une personne vertueuse s'associera aux sages et aux saints sur les rives du Gange et trouvera que Bénarès est l'endroit le plus sacré. Un touriste fera le tour de la ville et la trouvera comme toutes les autres villes tandis qu'un escroc y verra l'endroit idéal pour ses opérations. Ces trois personnes voient la même ville de trois façons différentes selon leur nature respective.

Gardez toujours à l'esprit que vous devez progresser intérieurement en vous aidant de la tendance consciente. Vous devez combattre l'inertie de la tendance statique, il vous faut constamment éviter l'état d'esprit matérialisant, car il vous conduit loin de chez vous, vers la désolation de l'état grossier/matériel.

> *Celui qui rend un culte à ce qui est extérieur, délaissant Dieu, qui est en soi, est comme celui qui jette le riz qu'il a dans la main et erre à la recherche de sa nourriture.[1]*
>
> *(Shiva Saṁhitá)*
>
> *Les personnes dans l'obscurité spirituelle errent d'un lieu de pèlerinage à l'autre. Sans connaître le lieu de pèlerinage intérieur, comment peuvent-ils atteindre au salut, ô Pârvatii[2] ![3]*   *(Jñána-saṁkalinii-Tantra)*

Ne vous dirigez donc pas vers l'extérieur, ne courez pas à votre perte, car une fois tombé dans un état grossier, il est presque impossible d'en revenir. Avalé par d'abyssales ténèbres, vous manqueriez le but de votre vie.

Les idolâtres adorent, sans le savoir, la tendance statique. Dieu rayonne omniprésent à l'intérieur comme à l'extérieur des êtres vivants. Ceux qui s'adonnent à l'idolâtrie l'oublient lui, en le prenant pour une petite représentation extérieure. Le mirage

---

[1] *Átmasthitaṁ Shivaṁ tyaktvá bahihsthaṁ yah samarcayet,*
Hastasthaṁ piṅḍam utsrjya bhramate jiivitáshayá. (5, 71)
[2] Appelée ici Varânanâ (« au beau visage ») par Shiva. (ndt)
[3] *Idaṁ tiirtham idaṁ tiirtham bhramanti támasá janáh*
Átmatiirthaṁ na jánanti kathaṁ mokśo Varánane ! (48-49)

mental de cette représentation, les voix hallucinatoires qu'ils entendent émaner d'elle en accord avec leurs espérances *(samskáras)* les fourvoient, leur faisant croire avoir atteint leur but. Les idolâtres dégénèrent peu à peu, à la fois mentalement et physiquement, jusqu'au statique. Ils en viennent à ne plus pouvoir supporter le moindre idéal progressiste. L'activité de la tendance active comme la connaissance pure de la tendance consciente leur est intolérable. Ils voudraient arrêter le cours du temps, leur amour de la tradition n'est que le signe de leur inertie.

Vyâsadeva, l'auteur de Purânas, a écrit :

Tu es sans forme et j'ai tenté de te restreindre à une forme. Tu es indescriptible et mes prières t'ont limité à certains mots. Tu es omniprésent et j'ai proclamé la sainteté de certains lieux. Ô Seigneur de l'univers ! Pardonne à mon esprit troublé ces trois impertinences[a].[1]

Par son influence liante *(guṅa)*, la Force opératrice délimite l'Esprit à un certain état. Cela génère en lui une vibration, car là où il y a action, il y a vibration. L'Esprit sous l'influence de la Force (autrement dit la partie changeante de Dieu se manifestant *(saguṅa[2] brahma)*) vibre ainsi en permanence d'une pure et nouvelle/originale vibration macrocosmique.

Nous savons tous que c'est la différence vibratoire qui crée les ondes de la perception *(tanmátras)* (le son, le toucher, la vue, le goût et l'odorat). L'être vivant perçoit ces ondes du monde extérieur, du psychisme universel, par ses sens *(jiṅánendriyas)*, et en émet par ses organes moteurs *(karmendriyas)*. C'est la

---

[1] *Rúpaṁ rúpa-vivarjitasya bhavato yad dhyánena kalpitaṁ, Stutyánirvaca-niiyatákhilaguro dúriikrtá yan mayá. Vyápitvaṁ ca nirákrtam bhagavato yat tiirtha-yátrádiná, Kṣantavyaṁ Jagadiisha tad vikalatá-doṡatrayaṁ mat-krtam.*

[2] « Muni *(sa)* des tendances *(guṅa)* ». (ndt)

différence dans la vibration qui nous permet de percevoir la blancheur de la tendance consciente, le rouge de la tendance active, et le noir de la tendance statique. Plus il y a d'inertie, moindres sont les vibrations. C'est pour cela que la tendance statique est sombre, car le noir est absence de couleur. La perception de la couleur noire est en fait une absence de perception de couleur ; quant à la perception de la couleur blanche, elle est celle de la combinaison de toutes les couleurs. Ainsi, là où il y a un plein épanouissement, la tendance consciente se manifeste par la couleur blanche.

Pareillement, la plus subtile des ondes perceptibles *(tanmátra)* qu'émet une vibration est l'onde sonore. Le son *onm (onmkára)* est l'onde sonore se manifestant dans l'Infinie Pensée divine. Ce verbe divin *(onm)* renferme en germe tous les sons de l'univers. Il vient de l'Infini Immuable et se fond en lui. C'est pour cela que les sages ont dit avec justesse qu'en se centrant sur ce verbe originel *(onmkára)* le pratiquant atteindra à Dieu, cœur universel.

On désigne aussi le verbe divin par le mot *pranava*, qui signifie la meilleure des adorations[1].

> *Le verbe divin (pranava (ôm)) est l'arc, tu es la flèche, Dieu est la cible. Celle-ci peut être percée par un être attentif. Que celui-ci se fonde en la [cible] comme le ferait la flèche.*[2]
>
> *(Mundaka Upanisad)*

Ce son est la source de tous les sons, il dénote et exprime Dieu. C'est pour cela qu'on l'appelle aussi le « Verbe-Dieu » *(Shabda-Brahma)*.

---

[1] *Pranava = pra* préfixe [donnant ici l'idée d'intensité] et *NU* racine verbale + *al* opérateur suffixal ; *NU* signifie adorer.
[2] *Pranavo dhanuh sharo hy átmá brahma tal laksyam ucyate ; Apramattena veddhavyam sharavat tanmayo bhavet. (2,2,4)*

La Révélation *(Shruti)* dit :

Lui, l'état que tous les Védas présentent, que toutes les austérités appellent, en vue duquel [les aspirants] pratiquent une vie sainte, je te le dis en un mot, c'est Oṇm/[le Verbe].

Ce Verbe est Dieu, il est suprême, celui qui l'a connu a tout ce qu'il désire.

C'est le meilleur refuge, le refuge suprême, le connaître c'est se retrouver magnifié dans le royaume de Dieu.[1]

(Kaṭha Upaniṣad)

Ô être humain ! progresse vers le verbe divin *(oṇm)*, vers le subtil. Ne cours pas après le mirage plaisant et superficiel dominé par la tendance statique. Établis-toi dans la tendance consciente puis unifie-toi à l'état divin. Atteint à l'origine du Verbe. Éveille ton humanité dormante par la pratique spirituelle et l'Amour de Dieu, éclaire ton intelligence supérieure de la Lumière divine puis immerge cet état divin resplendissant de blancheur/pureté obtenu par la pratique spirituelle dans le flot éternel de la divine Gloire.

Depuis des temps immémoriaux, tu progresses vers l'État suprême. Tes privations ont été innombrables. Aujourd'hui tu as l'occasion la plus favorable de devenir un être humain digne de ce nom.

Jâmâlpur, grand rassemblement spirituel *(DMC[2])* du dimanche 9 janvier 1955

---

[1] *Sarve vedá yat padam ámananti tapámsi sarváṇi ca yad vadanti ; Yad icchanto brahmacaryaṁ caranti tat te padaṁ saṁgraheṇa braviimy om ity etat. Etad dhy eváksaraṁ Brahma, etad eváksaram param, Etad dhy eváksaraṁ jiṇátvá, yo yad icchati tasya tat. Etad álambanaṁ shresṭham etad álambanaṁ param, Etad álambanaṁ jiṇátvá Brahma-loke mahiiyate. (II,15-17)*

[2] *Dharma-mahá-cakra.* (ndt)

3. Se libérer des chaînes de l'action
(Karma et *karmaphala)*

Le jeu mystérieux de la Création prend sa source dans l'action. Toute manifestation correspond à une vibration, elle-même une action. Sans action, il n'y a pas la moindre onde de manifestation, le moindre autodéploiement vibratoire de vie. L'Esprit se tient dans la Béatitude, comme un océan tranquille, immobile. Qu'un vent se lève à sa surface et surgit un déferlement d'ondes. Ainsi, quand la Force créatrice s'exerce sur l'Esprit non-manifesté, la splendeur diversifiée de la manifestation se déploie. Cet univers, spectacle de tant de merveilles temporaires, est l'aboutissement matériel de son action. Cet état matériel issu de la subtile entité causale naît de la domination de la Force sur l'Esprit.

Là où l'autorité de la Force est plus grande, l'Esprit est moins manifeste. Plus les liens que la Force divine tisse – dans ce champ infini du jeu créateur de la Force et de l'Esprit divins que l'on qualifie de Dieu se manifestant *(saguńa Brahma)* – sont serrés, plus on voit ces liens (dans les objets fragmentaires). Qu'est-ce qu'un morceau de pierre ? C'est une manifestation finie de l'Esprit où la tendance statique extrêmement prédominante fait prendre à celui-ci une forme matérielle. L'homme ordinaire considère cet Esprit dominé par le statique comme purement matériel/sans conscience.

On détermine la conscience de quelque chose d'après l'importance de sa sensibilité ou de sa matérialité. Tout de ce monde perceptible est imprégné de matérialité, car rien n'échappe à l'emprise de la Force. Mais qu'est-ce qui nous permet de considérer l'être humain comme la créature la plus élevée ? C'est qu'en lui, l'esprit, la conscience, est très fortement développé. Il aspire au bonheur psychique plutôt que matériel, et cette soif insatiable le conduit à la félicité divine. Chaque individualité manifestant de la conscience, aussi faible soit-elle, autrement dit non entièrement dominée par la matérialité, manifeste un effort pour évoluer personnellement et connaître le bonheur. La prédominance de la tendance active de la Force opératrice est la marque de cet effort. Pour préserver son existence, on ne peut demeurer inactif, l'inaction est signe de mort, et non de vie.

Les trois tendances soient présentes en toutes choses, mais qu'en est-il du corps après la mort ? Comme tous les signes du prétendu inerte se manifestent dans un cadavre, c'est la tendance statique qui y prédomine, les tendances consciente et active ne s'y expriment qu'indistinctement. Il n'y a donc pas de propension à l'action et encore moins de capacité à agir.

Les trois tendances sont ainsi bien présentes dans tout ce qui existe mais leur force combinée *(Prakrti)* n'est dynamique que dans certaines situations et inerte dans d'autres, selon leurs proportions, qui varie.

Toute action a une réaction qui coexiste avec l'action originelle, que celle-ci soit physique ou mentale : c'est ce que dit la science comme la philosophie. Supposons que vous voliez quelque chose de vos mains, vous êtes sans aucun doute l'auteur du vol. Si par peur du scandale ou de la sanction pénale, vous ne faites que concevoir le vol et le faites accomplir par une autre personne, n'êtes-vous pas quand même l'auteur de ce vol ? C'est pourquoi, si vous pensez que vous ne subirez pas les conséquences d'un vol que vous avez dirigé mentalement, vous vous trompez :

Toute action, qu'elle soit accomplie physiquement ou dirigée mentalement, engendre une réaction qui s'inscrit en vous sous forme potentielle *(saṁskára)* jusqu'à ce qu'elle s'exprime inévitablement par une action. Quand votre action découle d'un acte précédent, vous n'agissez pas alors de façon indépendante. Vous êtes, dans ce cas, mécaniquement propulsé par la réaction à l'acte précédent, et vous pouvez être contraint d'accomplir des actes indésirables qui attirent sur vous honte, accusation et affliction. Vous vous en faites le reproche et le regrettez amèrement, mais vous êtes incapable de l'éviter comme si vous étiez pieds et poings liés.

Tant que vous vous considérerez comme séparé de Dieu suprême absolu *(Parama Brahma)*, tant que vous serez préoccupé par votre « je » individuel, vous continuerez à agir en recueillant inévitablement les réactions à vos actions, réactions que sous leur forme potentielle l'on appelle *saṁskára*. Pour permettre à ces semences de réactions de se développer, vous devrez indiscutablement choisir une nouvelle forme physique, en d'autres termes tourner dans le cycle de « l'action et de ses conséquences » *(karma)* – « faisant suivre la mort par une naissance et une naissance par la mort » – tout comme le bœuf [tourne autour] du pressoir à huile. Le salut *(mokśa)* comme la libération *(mukti)* resteront loin de vous, inaccessibles. Si vous faites du petit moi l'objet de votre attention, vos actions seront peut-être une source de plaisir, mais pas de salut.

> *À quoi sert de s'agenouiller en adorateur, si l'on tourne autour de son propre moi ? Le bœuf du moulin à huile s'est-il rapproché de la maison même après cinquante kilomètres ?*[1]
>
> (Kabîr)

---

[1] *Ásana máre kyá huá, jo gayii na man kii ás,*
Jyoṇ kol'hú ke bael ko, ghar hii kos pacás.

Le bœuf du moulin à huile progresse-t-il ? Il tourne tout le jour, même après cinquante kilomètres, il n'a pas avancé, attaché qu'il est à la meule. N'en va-t-il pas de même pour ceux qui tournent autour du je individuel ?

Tant que la bonne ou mauvaise « conséquence d'une action »[1] persiste, l'être humain n'atteint pas au salut, malgré des millions d'années. Une chaîne en or entravant tout autant qu'une chaîne en fer, l'individu est autant enchaîné par les bonnes conséquences de ses actions que par les mauvaises.[2]   *(Tantra)*

En d'autres termes, tant que la sujétion aux actions, bonnes ou mauvaises, n'a pas été détruite, l'être humain ne peut pas atteindre au salut *(mokśa)*. Une chaîne en or a-t-elle plus de jeu et est-elle moins douloureuse qu'une chaîne en fer pour celui qui est enchaîné ? De même, les liens qu'engendre une bonne action sont tout aussi serrés que ceux créés par une mauvaise action.

Non subie, la conséquence ne périt pas, même après des milliers d'années ; que l'action effectuée soit bonne ou mauvaise, sa conséquence doit inévitablement être endurée.[3]   *(Náradiiya Puráńa)*

C'est pourquoi, pour connaître le salut ou la libération, il est nécessaire de se libérer des chaînes des réactions potentielles. Mais comment y parvenir ? Voilà la question. Alors qu'il est

---

[1] *« Karma »* signifie à la fois l'action et l'effet (qui peut être sous forme potentielle, attendant les circonstances en permettant la manifestation). (ndt)

[2] *Yávann akśiiyate karma shubhaḿ cáshubham eva ca, Távann ajáyate mokśo nrńáḿ kalpa-shataer api ; Yathá laoha-mayaeh páshaeh páshaeh svarna-mayaer api, Tathá baddho bhavej jiivah karmabhish cáshubhaeh shubhaeh.*

[3] *Nábhuktaḿ kśiiyate karma kalpa-koťi-shataer api, Avashyam eva bhoktavyaḿ krtaḿ karma shubháshubham.* (1,31,69/70)

essentiel d'agir pour préserver son existence, comment arrêter le cycle de l'action et de la réaction ?

On sait d'après les affirmations des philosophes que seule la pratique spirituelle le permet. Voyons donc quels sont les moyens de se libérer des réactions potentielles.

Trois attitudes mentales permettent d'éviter de s'enchaîner par l'action : 1) Ne pas porter son désir sur le fruit de l'action.

2) Ne pas s'enorgueillir d'avoir accompli l'action.

3) Offrir toutes ses actions à Dieu.

Nous allons voir un peu plus loin comment mettre en application ces différentes attitudes dans sa vie personnelle. Mais ne n'oubliez pas de suivre ces trois règles conjointement, elles sont les différents aspects d'un seul et même processus.

1) Ne pas porter son désir sur le fruit de l'action.

L'on agit toujours en vue d'un résultat. On ne peut rien accomplir sans but. Prenons quelqu'un qui prépare une maîtrise, son but est de réussir ce diplôme. Il lui faut garder son but à l'esprit, mais s'il ne fait que ruminer dessus, et ne travaille pas pour y arriver, peut-il espérer atteindre son but ?

Supposons que l'on lance un morceau de fer en l'air. Plus il monte et plus il a de force en retombant. Dès que son énergie vers le haut est épuisée, il retombe avec la même force que celle qu'il a perdue en montant. C'est une loi de la nature, une loi invariable de la Force universelle. De même, à chaque pensée ou action, une réaction s'engrange inévitablement sous forme potentielle. Dès l'action achevée, l'augmentation du potentiel réactionnel s'arrête et cette énergie potentielle se transforme invariablement en réaction à l'action accomplie. C'est pourquoi la *(Bhagavad) Giitá* dit :

Tu as autorité sur tes actes mais pas sur leurs fruits.[1]

---

[1] *Karmańy evádhikáras te má phaleśu kadá cana.   (2,47)*

L'être humain ne commande que ses actions, pas leurs résultats. Puisque nous ne pouvons pas décider des résultats de nos actions, n'est-il pas mieux de persévérer dans son travail plutôt que de se préoccuper du résultat ou de si on l'obtiendra ? **Persévérer dans son travail**, c'est cela, ne pas porter son désir sur le fruit de l'action.

2) Ne pas s'enorgueillir d'être l'auteur de l'action.

Les personnes ordinaires agissent généralement pour le résultat. Il y a néanmoins beaucoup de personnes qui agissent non pour le résultat lui-même mais pour le contentement de soi ou la satisfaction de se vanter de l'accomplissement de leur devoir : prenons une personne qui a fait don de douze mille euros à une fondation, mais qui n'a pas l'esprit tranquille tant qu'elle n'a pas lu la mention de sa donation dans le journal du matin. Toute la nuit elle attend le matin avec impatience. À l'aube au petit déjeuner, elle se sent comblée de trouver la nouvelle de sa donation dans les journaux.

Vous voyez qu'il ne suffit pas simplement de ne pas aspirer aux fruits de l'action, car l'orgueil d'avoir accompli l'action, le désir de voir la nouvelle d'une donation publiée et autres choses semblables contribuent à la formation de vibrations mentales, et les réactions potentielles se multiplient comme précédemment.

Dieu est cette entité spirituelle non affectée par les tourments, l'action et la réaction, et indépendant de tout emplacement.[a][1]　　　　　(Patañjali, *Yoga-Sútram*)

C'est pourquoi, pour atteindre à Dieu, il faut agir sans attachement. Il n'est cependant pas possible d'agir librement tant que la domination de la Force prévaut. Nous avons vu dans l'exemple précédent que même en n'aspirant pas aux résultats

---

[1] *Klesha-karma-vipákáshayaer aparámrśtah Puruśa-visheśa Iishvarah.(1,24)*

de l'action, il est difficile de se débarrasser de l'orgueil d'avoir agi, de l'idée d'avoir fait, tout comme vous n'arrivez pas à vous extraire du but de votre action, de la contemplation de son accomplissement. Pour éviter cet orgueil, ***méditez en permanence l'idée que vous êtes un instrument de Dieu*** *(Brahma)*, que lui seul utilise, et qu'il fait accomplir le travail par cet instrument.

Cela ne suffit pourtant pas à supprimer l'orgueil d'être à la source de l'action car l'on pourrait être empli du sentiment que bien qu'on soit un instrument, on est supérieur aux autres en ce qu'on a été choisi par Dieu pour effectuer à ce moment-là, cette tâche-là. Pour se préserver de cette pensée, il faut entretenir l'idée ***que Dieu lui-même se rend service à travers nous***. Ainsi c'est lui qui nous inspire l'idée de donner, et il reçoit de plus la même chose d'autres que nous. **C'est par sa seule Grâce que nous agissons et avons l'occasion d'agir.** On peut éviter l'orgueil d'être l'auteur de l'action en entretenant cette pensée.

3) Offrir toutes ses actions à Dieu

Il ne suffit pas de renoncer à porter ses désirs vers le résultat de l'action et à l'orgueil d'avoir accompli cette action. Tant que la Force opératrice est active, la tendance active est présente, suscitant des actions. Or agir signifie assurément se jeter dans le cycle de l'action et de la réaction. Comment alors en sortir ? La seule façon est d'***offrir toutes ses actions à Dieu,*** d'***imprégner chaque moment de ses actions de la présence divine***. Alors seulement les actions et leurs réactions ne pourront plus être considérées comme vôtres. Les actions auront été accomplies par Dieu lui-même et leurs conséquences, bonnes ou mauvaises, seront endurées par lui seul. Dans ce cas, nous n'avons pas d'identité séparée.

Beaucoup de personnes ne font rien par peur des conséquences et en deviennent oisives. Mais est-il vraiment possible de ne pas agir ? Car même si l'on n'agit pas extérieurement, notre cœur ne cesse pas de fonctionner. On n'est donc jamais inactif, ce n'est qu'une apparence d'inactivité. De plus, celui qui abandonne toute action à Dieu n'a pas à avoir peur des conséquences de ses actes. Bien sûr, mal agir rend l'être humain esclave de ses instincts ce qui l'éloigne et le détourne de Dieu. Le moyen d'échapper à cela est de constamment maintenir sa pensée sur Dieu. Le mot *sannyásin* (moine/ascète, renonçant) signifie [étymologiquement] déposer ses pensées en Dieu[1], but suprême, c'est ainsi que les véritables renonçants sont ceux qui ont confié leur pensée au Seigneur.

Un passage du *Mahâbhârata* [de Kâshii-Râm Dâs[2]] illustre ce propos. Draopadii y demande à Yudhiśthira pourquoi, en dépit de sa conduite vertueuse, il doit supporter les privations de l'exil alors que selon les lois ordinaires de la Nature, il devrait nager dans le bonheur. Yudhiśthira lui répond :

> *Exiger les bénéfices de son action n'est rien de plus que du commerce. Agir par intérêt n'est que cupidité. Dirigé par la cupidité, on va droit en enfer. Je n'agis pas pour en tirer bénéfice mais j'offre toutes mes actions à Dieu.[3]*   (*Mahâbhârata* de Kâshii-Râm Dâs)

Quand l'être humain s'en remet totalement à Dieu, l'identité séparée de son être se dissout complètement ; il peut alors atteindre à la libération ou au salut *(mukti* ou *mokśa).*

Bhâgalpur, grand rassemblement spirituel *(DMC)*
Pleine lune du 6 février *(mágha)* 1955

---

[1] *Sat* (Dieu, la Vérité) + *nyása* (déposer/abandon en) = *sannyása.* (ndt)
[2] « La » version bengalie du Mahâbhârata narré par le poète bengali Kâshii-Râm Dâs au début du 17e siècle. (ndt)
[3] *Karma-kari yei jana phalákámkśii hay, Bańiker mata sei váńijya karay.*
Phala lobhe karma kare, lubdha bali táre, Lobhe punah punah pańe narak dustare. Ámi yáhá karma kari, phalákámkśii nai, Samarpańa kari sarva Iishvarer tháiṇ.

4. La douce science
(Sádhaná et *madhuvidyá)*

Notre pensée ordinaire est constamment préoccupée d'objets physiques, qu'ils soient extérieurs ou intérieurs. Le psychisme, subtil, doit se reposer sur un objet au degré de subtilité adéquat pour préserver son existence, tout comme, pour préserver son existence physique, l'être vivant doit habiter un espace physique.

Tout ce qui est individualisé requiert pour son maintien le temps et l'espace. C'est pourquoi le psychisme individuel est toujours en quête d'un objet ou d'un autre. Il se détourne des objets qui ne peuvent lui fournir une concrétisation de ses élans réactionnels[1] *(samskára)* ou qui sont usés, au bout de leur utilisation, et se tourne vers un nouvel objet. Ce mouvement de la pensée ne s'arrête jamais. Plus le désir d'actualiser les réactions potentielles *(samskára)* est intense et plus la pensée se déplace d'un objet à l'autre rapidement. On parle alors d'agitation mentale.

On peut se demander ce qui se passerait si l'on sevrait le psychisme de tout objet. Eh bien, il se dissoudrait, il s'efface-rait ! C'est pourquoi il s'agite sans arrêt dans un effort d'auto-préservation, par instinct de conservation, au fur et à mesure du retrait de ses objets.

---

[1] Cf. p. 40. (ndt)

Nous disions que l'objet du psychisme ordinaire est toujours issu du monde extérieur. Quelle est la nature de celui-ci et de son pendant subjectif, le psychisme ?

D'un point de vue philosophique, il n'y a partout que l'Esprit, conscience éternelle et infinie. Tant que cette entité spirituelle demeure à l'état originel, il ne peut être question de sujet et d'objet, de connaissance et de sujet connaissant. Mais là où une partie d'elle se retrouve sous l'emprise de la Force créatrice *(prakrti)*, le sentiment d'existence d'un « je », une conscience identitaire apparaît. Ce sentiment de je se manifeste à ce moment-là comme l'objet du pur Esprit.

Nous appelons psychisme *(mana)* le complet développement de ce sentiment de je. Celui-ci a trois niveaux : le je existentiel [le je du « je suis »] *(mahattattva)*, le moi [je agissant] *(ahaṁtattva)* et le substrat mental/je objectivé *(citta[1])* [dont on peut jouir]. Ce psychisme constitue la dégradation première de l'Esprit dont il est l'objet[2].

Nous avons vu que ce monde physique est l'objet du psychisme. Ce n'est donc pas l'Esprit/l'âme qui jouit de ce monde manifesté mais le psychisme. L'Esprit reste comme le simple témoin du fonctionnement du psychisme qui, lui, éprouve et ressent.

Les objets dont jouissent les deux plus hauts états du psychisme (le je existentiel et le moi) se manifestent dans le substrat mental *(citta)*, où les objets prennent forme et demeurent. Lorsqu'on prend plaisir à déguster un met savoureux, qui ressent ce plaisir ? Les deux niveaux du psychisme que sont le je existentiel et le moi. Est-ce toutefois l'aliment même qui leur procure

---

[1] *« Citta »* : « ce qui est pensé ». (ndt).

[2] On trouvera dans le vol. 1 de *La Philosophie de l'Ananda Marga, une récapitulation* (recueil de textes de l'auteur reprenant *L'Ananda Marga, philosophie élémentaire*), la présentation limpide et systématique de tous ces concepts abordés ici. (ndt)

cette satisfaction ? C'est ce qu'on pourrait croire à première vue, mais à vrai dire on ne ressent pas de plaisir tant que le substrat mental n'a pas reçu, des sens, les ondes tactiles et gustatives indicatives de la saveur, même si l'aliment est savoureux. C'est ainsi qu'une personne qui travaille en pensant à autre chose ne retire aucun plaisir de son travail, même si celui-ci est intéressant. Son substrat mental en partie engagé ailleurs ne peut pas donner une forme adéquate aux ondes émises par l'objet ; il en va de même pour la nourriture.

Nous voyons donc que le psychisme ne jouit pas de l'objet original mais de sa reproduction mentale. Dans ce monde matériel, l'être humain croit atteindre son but mais n'en saisit qu'un reflet. S'il désire jouir véritablement de quelque chose, il doit adopter une démarche inverse : transférer sa pensée, de ce monde trompeur (objectivisation ultime du substrat mental divin[1]) à l'Esprit, immense, constituant originel de ce substrat mental.

Le psychisme est l'objet de l'Esprit. Quand le psychisme prend l'Esprit pour objet, les deux se rapprochent jusqu'à s'unir et faire ainsi disparaître l'état de je. Cette union est le *yoga* : le yoga est l'union du petit soi centré dans le psychisme, avec l'Esprit, immense.

Le yoga est l'absorption du soi individuel en l'Esprit.[2]

(Ahirbudhnya-Saṁhitá)

Si l'on désire se fondre en l'Esprit en conservant sa conscience existentielle personnelle, on ne peut pas se libérer totalement des objets. Dans cet état, que nous qualifions d'union avec activité mentale *(savikalpa samádhi)*, l'objet est le psychisme divin. S'il n'y a pas d'anxiété à propos du je et pas de désir de préserver le je, on atteint à un état de complète liberté vis-à-vis

---

[1] Confer schéma p. 150. (ndt)
[2] *Saṁyogo yoga ity ukto jiivátma-Paramátmanoh. (31, 15)*

des objets ou pensées, c'est l'union spirituelle sans participation mentale *(nirvikalpa samádhi)* [l'unicité absolue].

Le yoga est l'abandon de toute espèce de pensée et anxiété.[1]

(Jñána-saṁkalinii-Tantra)

L'Esprit seul est l'entité connaissante, il est la connaissance, tout comme le soleil est la lumière : nous voyons bien que sa lumière n'est pas le reflet de celle d'un autre ! Le mouvement vers l'Esprit, connaissance pure, que l'on pourrait qualifier d'activité gnostique est diamétralement opposé au mouvement vers les ombres-reflets dont est fait ce monde matériel créé par l'imagination de la Pensée divine.

On peut expliquer cela plus clairement ainsi : Dieu absolu dont la nature est connaissance est la Réalité éternelle, et ce monde physique qui en est le reflet est le résultat, le stade ultime de la domination qu'exerce sur lui la Force créatrice. Si nous pouvions réellement jouir de ce monde physique, nous jouirions d'une imagination, un reflet/une ombre créée dans la Pensée divine. Mais nous ne jouissons pas réellement de ce monde manifesté. Notre jouissance de ce monde-reflet se fait grâce à nos sens qui donnent à notre substance mentale l'apparence correspondant aux ondes-des-éléments ou à l'image reflétée qu'ils ont saisie, et c'est en fait de cette forme, autrement dit du reflet d'un reflet dont nous jouissons.

[Les sages] affirment que la connaissance est la connaissance de Dieu/Soi, et que les autres formes de connaissance, n'étant pas une connaissance de l'Essence, ne sont qu'une pénombre de la connaissance.[2]

(Tantra, Shiva, réponse à Pârvatii)

---

[1] *Sarva-cintá-parityágo nishcinto yoga ucyate. (v. 61)*
[2] *Átma-jiṇánaṁ vidur jiṇánaṁ jiṇánány anyáni yáni tu,*
Táni jiṇánávabhásáni sárasya naeva bodhanát.

En ne voyant qu'une pénombre ou une ombre/un reflet, pouvons-nous connaître l'Esprit véritable ? Certainement pas. En voyant l'ombre d'un arbre, nous ne pouvons dire si c'est un manguier, un jaquier ou un litchi ; pour le reconnaître il nous faut regarder l'arbre et non son ombre. De même, pour connaître l'Absolu, il ne nous sert à rien de rester absorbé dans la contemplation de ses manifestations illusoires, il nous faut retirer toutes nos propensions pour les rediriger vers la nature propre de Dieu.

L'être vivant a un psychisme, constitué de son petit moi, et une entité/présence spirituelle *(puruśa sattá)* elle-même en situation de sujet de ce psychisme. Nous appelons cette entité spirituelle l'âme *(jiivátman),* au niveau individuel. Si l'être humain va vers elle, s'il parvient à atteindre à sa propre nature, il peut se libérer de l'influence de ce monde de reflets/d'ombres. Connaître la nature de cette âme/ce soi, c'est connaître l'Esprit divin. L'âme libre de tout objet n'est autre que l'Esprit, libre de tout objet ; elles sont une seule et même entité.

> *La connaissance de soi (de son âme), suprême, ô Divine, est le seul moyen de salut. L'on obtient le salut lorsque, devenu humain par ses propres actions, l'on atteint à la Connaissance.*[1]
>
> (*Tantra*, Shiva, réponse à Pârvatii)

La seule lecture ne permet pas d'acquérir cette connaissance. Celle-ci demande de la consécration, elle réclame un effort spirituel *(sádhaná)* : suivre son chemin en se dirigeant vers l'Absolu. Si l'on tourne toutes ses propensions vers Dieu, elles deviennent de plus en plus subtiles et finissent par s'immerger en lui. Une fois qu'elles ont disparu, il n'y a plus de psychisme. L'on se retrouve au-delà du psychisme, délivré de la douleur et du plaisir, l'on connaît le Soi.

---

[1] *Átmajiṇánam idaṁ devi paraṁ mokśaeka-sádhanam, Sukrtaer*[*] *mánavo bhútvá jiṇánii cen mokśam ápnuyát.* [[*] Ici *su* = *sva* (védique)]

Alors, dans cet état, se manifeste notre véritable nature.[1]

(Patañjali, *Yoga-Sûtra*)

Avancez en faisant le maximum d'efforts pour garder votre pensée scrupuleusement loin de tout vice. Ne permettez, à aucun moment, à votre pureté mentale de s'altérer, de quelque manière que ce soit. Après avoir pratiqué cela pendant quelque temps, vous remarquerez que ce même psychisme qui fut le support de vos penchants vils est devenu votre meilleur ami. Il sert alors tous vos desseins. Permettez qu'il reçoive une constante inspiration de votre âme. Éclairez votre pensée de la lumière de l'Esprit et la Vérité éternelle se révélera naturellement en vous.

Là, se révèle la Connaissance qui est la Vérité elle-même.[2]

(Patañjali, *Yoga-Sûtra*)

Ceux qui choisissent la démarche inverse sont vraiment ignorants car en se consacrant aux objets matériels, ils dégénèrent mentalement peu à peu jusqu'au grossier, atteignant un état où ils ne méritent même plus le nom d'être humain. Qui peut dire que par des changements naturels les cendres du plant de canne se sont transformées en bananier, le bœuf se décomposant en oignon, l'eau où l'on a lavé le riz en feuilles d'amarante ? De même, personne ne pourra reconnaître en vous un être humain dans votre état dégénéré.

Ne vous absorbez donc pas dans la pensée d'objets matériels, ne vous laissez pas entraîner loin de vous-même par vos impulsions et propensions. Les tendances tournées vers la matière et la consécration aux objets matériels sont à coup sûr des obstacles à l'accomplissement de soi.

---

[1] *Tadá drastuh svarúpe 'vasthánam. (1,3)*
[2] *Rtam-bhará tatra prajiná. (1,48)*

Être dans la réalité de Dieu est la plus haute pratique, la moyenne est la contemplation et la concentration méditatives, inférieures sont l'éloge et la répétition de prières, plus bas encore se trouve l'adoration des idoles.[1]

(Kulárńava Tantra)

L'idolâtrie dirige vers la matière. Si vous dirigez votre force mentale vers des objets matériels et limités, vous générez votre propre transformation en grossier, car l'on devient ce que l'on pense.

On ne peut prôner l'idolâtrie au nom de Dieu omniprésent. L'idole est quelque chose de limité. On ne peut logiquement à la fois considérer Dieu comme omniprésent et soutenir l'idolâtrie : si Dieu est l'idole, le siège sur lequel elle se trouve est nécessairement en dehors de lui, ce qui est illogique. Le *Rig-Véda* nous dit :

Cet Être aux mille têtes, aux mille yeux, aux mille pieds ! situé au-delà de dix doigts[2], enveloppe de tous côtés le monde.[3]

(*Rig Véda*, Hymne à l'Esprit)

Le poète Dvijendra Lal Roy fait écho à ces mêmes pensées dans ces vers :

Puis-je adorer une statue te représentant, toi dont l'univers tout entier est l'image ? Te construire un temple, toi qui as l'infini azur pour demeure ?

Ô Divine Mère[1] ! Les planètes, les étoiles, le soleil, les océans et les sources vives, les montagnes et les forêts

---

[1] *Uttamo Brahma-sadbhávo*, madhyamá dhyána-dháraná, Japa-stutih syád adhamá, múrti-pújádhamádhamá. (9, 34)*
    * *= Uttamá sahajávasthá.* (ndt)
[2] Ce point est discuté dans *L'Enseignement philosophique et spirituel de la Shwetâshwatara Oupanishad*, de l'auteur. (ndt)
[3] *Sahasra-shiirśá Puruśah, sahasrákśah sahasra-pát,*
    Sa bhúmiḿ vishvato vrtvá, atyatiśthad-dasháuṇgulam. (X, 90, 1)
    [Repris dans l'*Atharva Véda 29-6-1* et la *Shvetâshvatara Upaniśad III,14*]

sont tous une manifestation de toi ; les berceaux de ver-
dure, le doux vent du printemps, les arbres et les plantes,
les fruits et les fleurs, tous !

Ô douce Mère, tu exprimes ta douceur et ta grandeur
dans l'amour pur d'une femme fidèle, le sourire d'un en-
fant, le baiser d'une mère, l'ardeur de la piété d'un saint,
la puissance d'un génie.

Partout sur cette terre, où que je regarde, tu es là, qui
te montres dans toute ta grâce ; printemps, hivers, jours
et nuits manifestent ton exubérante majesté.[2,3]

Les sages védiques ont dit pareillement :

Dieu est lui-même le Feu, le Soleil, le Vent, la Lune,
lui-même la planète Vénus, ce Dieu suprême est l'étoile
Bellissima, il est l'étoile « Protectrice des vivants ».

Tu es la femme, tu es l'homme, tu es aussi la fillette et
le garçonnet, tu es le vieil homme qui trottine avec sa
canne, tu es présent sous tous les visages.[4]

(Shvetáshvatara Upaniśad)

Ce qui est un éloge en forme d'inventaire.

---

[1] Au Bengale, on adore fréquemment Dieu sous son aspect féminin. (ndt)

[2] Ce très beau poème *(Pratima diye ki pujiba)* est magnifiquement chanté par Krishnâ Chatterjee par ex. (ndt)

[3] *Pratimá diye ki pújiba tomáre, E vishva nikhila tomári pratimá ? Mandira*
tomár ki gaŕiba má go, mandira yáhár ananta niilimá ?
Pratimá tomár graha, tárá, ravi, ságara, nirjhara, bhúdhara, aŕavi. Ni-
kuiṇja-bhavana, vasanta-pavana, tarulatá, phala-phula madhurimá.
Satiir pavitra praṅay madhumá, shishura hásiti jananiira cumá, Sádhura
bhakati pratibhá shakati, tomári mádhurii tomári mahimá.
Yei dike cái e nikhila bhúmi, saba dike má go, virájicha tumi, Ki griiśme, ki
shiite, divase nishiithe, vikashita tava vibháva garimá.

[4] *Tad evágnis tad ádityas tad váyus tad u candramáh, Tad eva shukraṁ tad*
Brahma, tad ápas tat Prajápatih, Tvaṁ strii tvaṁ pumán asi tvaṁ kumára
uta vá kumárii, Tvaṁ jiirṅo daṅḍena vaiṅcasi tvaṁ játo bhavasi vishvato-
mukhah. (4,2-3) [(premier verset tiré du *Yajur-veda 32,1*, deuxième de
l'*Atharva-veda 10,8,27* (recension *saonaka*)).]

Les objets limités sont toutefois indispensables à la vie en ce monde : on ne peut préserver son existence en poursuivant seulement en permanence le gain ultime *(shreya)*. C'est cependant lui seul qui conduit au progrès spirituel suprême, c'est donc lui que l'on doit viser, et non le gain immédiat et superficiel *(preya)*. Les Védas disent :

Le Bien et le plaisir sont, en vérité, exactement opposés. Leur double influence embarrasse l'être humain. Celui qui se voue au Bien atteint son but tandis que celui qui choisit l'agréable s'en détourne.

Le Bien et le plaisir se présentent à l'être humain. Le sage les discrimine après avoir délibéré. Le sage choisit le Bien au plaisir, le sot choisit le plaisir provenant de la jouissance et de l'acquisition de biens.[1]

(Kaṭha Upaniśad)

La question se pose donc pour l'aspirant spirituel de savoir comment préserver son existence sans viser le gain temporel. Pour cela, il lui faut se conduire vis à vis du plaisir de sorte à ce celui-ci ne puisse devenir la cause de son asservissement, ne puisse pas le pousser à diriger ses propensions vers la matière mais au contraire dirige celles-ci vers le subtil et le conduise de ce fait à la délivrance *(mukti)*. On dit que cette attitude constitue la douce science *(madhuvidyá)*.

Cette attitude vous permet de poursuivre votre effort vers la libération *(mukti)* tout en menant une vie dans le monde. Pour cela, considérez tout ce avec quoi vous êtes en contact comme divin. En nourrissant votre enfant, ayez à l'esprit que vous n'êtes pas en train de nourrir votre enfant, mais que vous vous

---

[1] *Anyac chreyo 'nyad utaeva preyas te ubhe nánárthe puruśaṁ siniitah,*
Tayoh shreya ádadánasya sádhu bhavati, hiiyate arthád ya u preyo vrṅiite.
Shreyash ca preyash ca manuśyam etas tao sampariitya vivinakti dhiirah,
Shreyo hi dhiiro 'bhipreyaso vrṅiite preyo mando yogakśemád vrṅiite.
(1,2,1-2 (ou 2,2))

occupez adéquatement de la manifestation divine qu'est votre enfant. Quand vous labourez votre champ, ayez à l'esprit que vous vous occupez adéquatement de la manifestation divine qu'est votre champ. Si vous suivez bien cette technique de la douce science *(madhuvidyá)*, vous pourrez vous préserver des chaînes engendrées par l'action, tout en agissant. Cette douce connaissance vous imprégnera intérieurement et extérieurement de l'extase de la béatitude divine. Cette imprégnation allègera de façon permanente toutes vos afflictions. Vous ne pourrez plus vous faire absorber par la force de matérialisation *(avidyá)* aux dents longues. Chaque entité rayonnera pour vous de douceur :

> *Cet être humain n'est alors que douceur pour tous les êtres et tous les êtres ne sont que douceur pour cet humain. (...)*
>
> *Cette âme divine n'est que douceur pour tous les êtres et tous les êtres ne sont que douceur pour cette âme.*[1]

(Brhad-Áraṅyaka Upanishad[2]*)*

Munger (Monghyr)[3]
Grand rassemblement spirituel *(DMC*[4]*)* 1955

---

[1] *Idaṁ mánuśaṁ sarveśáṁ bhútánáṁ madhv asya mánuśasya sarváni bhútáni madhu [...] Ayam átmá sarveśáṁ bhútánáṁ madhv asya átmanah sarváṅi bhútáni madhu.   (2,5,13-14)*

[2] C'est dans cette Upanishad qu'est exposée la douce science, ou science de la douceur (divine) *(madhuvidyá)* ; *madhu* signifie au sens propre miel. (ndt)

[3] À l'occasion de l'inauguration du Centre pour l'éveil spirituel *(jagrti)* de Monghyr. (ndéi)

[4] *Dharma-mahá-cakra.* (ndt)

5. La Vérité éternelle et les plans d'existence

La pratique spirituelle s'articule, du début à la fin, sur un point qui est la sainteté et la pureté du réceptacle[1] *(ádhára)*. Seul celui-ci est responsable des privations et des afflictions de l'être humain. Si le réceptacle est sain et solide, les privations ne sont pas des privations et les afflictions ne sont pas des afflictions.

Tout objet délimité a un substrat/un réceptacle *(ádhára)* qui permet de le distinguer d'un autre. Il n'y a pas deux êtres vivants qui aient le même. Chaque être vivant sélectionne pour son existence un réceptacle distinct en Dieu infini, selon ses élans réactionnels *(saṁskáras)*[2]. L'être vivant obtenant ce substrat du psychisme divin, il est le fils mental de Dieu. Or le psychisme divin naît de l'action de la Force créatrice sur l'Esprit, le corps de l'être vivant est donc une création de la Force créatrice et de ce fait soumis à ses lois. Dieu infini ne requiert pas de corps physique, son corps est mental, c'est ce qui n'est pas infini qui requiert d'être contenu.

La Force créatrice *(Prakrti)* combine trois aspects : ses tendances *(guńa)* consciente, active et statique *(sattva, rajah* et *tamah)* qui la caractérisent. L'action sur l'Esprit *(Puruśa)* de ces tendances de la Force opératrice confère à l'Esprit le sentiment

---

[1] Le réceptacle (de l'âme) désigne ici le corps et les couches ou plans psychiques : les *kośa* (« fourreau »/« enveloppe ») (l'enveloppe corporelle et les différents niveaux psychiques). (ndt).
[2] Le mot *káya*/« corps » – formé sur la racine verbale *ci* [collecter, rassembler, etc.] par l'opérateur suffixal *ghaiṇ* – signifie « ce qu'on a collecté ».

d'être/d'exister, celui d'agir et celui d'être l'objet. Qu'une seule des tendances de la Force agisse sur l'Esprit ne permet pas qu'il y ait transformation. Les transformations [constantes dans cet univers] montrent que ce n'est pas qu'une seule tendance qui agit partout[1].

Dans **ce monde physique** formé des cinq éléments[2], l'inertie domine : l'influence de la tendance statique *(tamoguña)* y est la plus forte.

Les tendances de la Force sont cependant indubitablement toutes les trois présentes dans le corps physique, et dans le corps mental. Dieu lui n'a qu'un corps mental dont le monde physique visible tout autour de nous qu'il a créé est la manifestation tangible/grossière. Nulle part n'est présente qu'une seule des tendances, les trois sont partout, mais plus ou moins selon l'endroit.

Ce monde terrestre/physique est caractérisé par l'inerte/la matérialité, c'est donc la tendance statique de la Force qui y domine, l'active y est moyennement présente et la consciente latente. Nous appelons cette expression mentale la plus grossière de Dieu *bhúr loka* en sanscrit.

Le monde physique est le plus grossier des sept plans divins.

Vient ensuite **le monde physico-psychique** *(bhuvar loka)* où c'est toujours la tendance statique qui domine, mais ici la tendance active est négligeable et la tendance consciente moyenne.

Le psychisme est en l'être humain ce qui pense, ressent, se remémore et différencie le supérieur de l'inférieur : *C'est le psychisme qui agit....*[1]

---

[1] Voir le chapitre deux pour une explication détaillée de la nature et du fonctionnement des trois tendances de la Force créatrice. (ndt)

[2] Constitutifs de la matière : éthérique (ou spatial), gazeux, lumineux, liquide et solide (autrement dit, éther, air, feu, eau et terre). (ndt)

Le monde physico-psychique correspond au niveau psychique en relation avec le fonctionnement corporel. Là, vibrent, se manifestent, les propensions naturelles tels la faim, la soif, le sommeil, l'endormissement, etc. liées au corps. C'est de cette sphère – le *bhuvar loka* – que vient la partie la plus grossière du psychisme de l'être vivant qu'est le plan sensori-désirant *(káma-deha*[2] ou *kámamaya-kośa)*. Dieu n'ayant pas de corps physique, il n'a pas de tel plan dont le but est de faire fonctionner un corps physique. Est toutefois créé, dans la manifestation mentale divine, le monde physico-psychique, en tant que niveau précédant le développement du monde physique, manifestation la plus grossière du psychisme divin[3]. Par le monde physico-psychique, Dieu jouit intérieurement de sa création mentale, ce monde physique.

Le monde « céleste » *(svar loka)* est le **monde mental** *(manomaya)*. C'est sur ce plan que l'être humain éprouve le plaisir et la souffrance, et comme c'est mentalement qu'on jouit des plaisirs et des souffrances, on appelle ce plan monde mental.

Svar loka est en sanscrit synonyme de *svarga* [ciel]. Ceux qui jouissent des plaisirs terrestres accomplissent des actions vertueuses parce qu'ils espèrent aller à ce ciel/paradis temporaire après leur mort.

Les élans réactionnels *(saṁskára)* sont présents dans ce monde ou plan mental.

Là, la tendance active domine, la tendance statique s'exerce moyennement et la tendance consciente faiblement.

---

[1] *Manah karoti karmáńi... (Rudrayámala Tantra, uttara-khańḍa 22-36)*
[2] Littéralement : corps « des désirs » ou encore « des objets du désir », c'est le psychisme sensoriel et moteur. (ndt)
[3] Voir schéma p. 68. (ndt)

Les élans réactionnels naissent de ce plan[1].

(C'est une croyance populaire en Inde parmi les chrétiens, les musulmans et les hindous ritualistes de penser que l'on profite du fruit de ses actes vertueux sur ce plan.)

Le *mahar*[2] *loka*, appelé aussi **monde supramental** *(atimánasa loka)* en sanscrit.

Ici c'est toujours la tendance active qui domine, mais la tendance statique n'est presque pas présente, et la tendance consciente l'y est moyennement.

C'est sur ce plan qu'un élan réactionnel commence tout d'abord à s'exprimer, conduisant le psychisme humain à goûter au fruit de son acte. Cette première vibration des réactions potentielles accumulées se manifeste sur ce plan. Supposons qu'une personne doive visiter un endroit où sévit le choléra. Avant même qu'elle ne s'y rende, un murmure mental lui dit qu'elle sera atteinte du choléra. Telle est la fonction du plan supramental. Peu de temps après son arrivée, elle attrape effectivement la maladie. Les premières aspirations spirituelles ou les vibrations d'un fort désir naissent également sur ce plan. C'est ici que l'inspiration de l'âme se met tout d'abord en action. C'est pourquoi l'élan pour la pratique spirituelle, spécifique à chacun, commence à se développer sur ce plan.

Le *janar loka*[3] ou **sphère subliminale** : ce plan est aussi dit « du jugement » *(vijiṇánamaya)*. La conscience, le discernement et l'abnégation y dominent. Ces qualités présentes parfois aussi chez des personnes recherchant les plaisirs y sont alors cepen-

---

[1] C'est en effet l'intention – expression mentale – présidant à l'action, et le vécu mental associé à l'action, qui sont à la source de la formation des élans réactionnels individuels, cf. p. 131. (ndt)
[2] *Mahar* a plusieurs significations, notamment grandeur, joie et lumière. (ndt)
[3] Monde « de l'être humain ». (ndt)

dant empêchées de s'exprimer à cause de la prédominance des plans physique, physico-psychique *(bhúr, bhuvah)*, etc.

Dans le monde subliminal, c'est la tendance consciente la plus présente, la tendance active est présente de façon négligeable, et la statique moyennement présente.

Le *tapar loka* [« sphère issue des austérités »], appelé aussi « **monde doré** » *(hiraṅmaya[1] loka)*[2].

La tendance consciente est la plus présente, la statique très peu présente et l'active moyennement.

On est là dans un état non manifesté de la conscience, le je existentiel (le je du « je suis ») ne se manifeste même pas, il n'est qu'à l'état latent.

Satya loka – le monde de la Vérité absolue

Les trois tendances y sont également présentes mais ne se manifestent pas.

Ici l'Esprit domine, lui seul se manifeste en ce monde. La Vérité éternelle *(Satya loka)* est l'état dénué d'expression des tendances/l'état de transcendance absolue *(nirguṅa)*.

L'univers manifesté comporte sept plans. Mis à part celui de la Vérité absolue, dans les six autres les trois tendances se manifestent.

Tout être vivant a besoin d'un contenant. En son absence, il s'unifie à l'océan divin. Prenons un bol d'eau flottant dans une mare. Tant qu'il y a le bol, l'eau du bol existe aussi, mais si l'on retire le bol, l'eau contenue dans le bol se mêle à celle de la mare. Le bol était le contenant de cette eau. C'est seulement

---

[1] Ou *hiraṅyamaya*. (ndt)
[2] Il n'y a pas de correspondants anglais pour les noms des plans au-delà du *janarloka*.

après qu'on a retiré le bol, que l'eau qu'il contenait s'est mêlée à l'eau de la mare. C'est de même que quand il n'y a plus de contenant physique *(rúpa)* pour l'incarner, l'être vivant s'unifie à Dieu.

En l'absence du corps [physique], les élans réactionnels *(saṁskára)* restent avec l'âme. De quelle manière ? [Dans] le plan doré *(hiraṅmaya loka)*, le corps [psychique] le plus subtil de l'être humain.

Les êtres vivants tirent leur **corps physique** du monde physique *(bhúr loka)*, là où domine la tendance statique, où la tendance active s'exprime moyennement et la tendance consciente est négligeable. Comme il se construit par l'alimentation, on l'appelle aussi « l'enveloppe faite à partir de nourriture » *(annamaya kośa)* en sanscrit.

Derrière l'enveloppe corporelle agit un psychisme créé par [le monde physico-psychique *(bhúvar loka)* de Dieu :] **le plan sensori-désirant** *(kámamaya kośa)* où domine toujours la tendance statique, mais où la tendance active est négligeable et la tendance consciente moyenne.

Derrière le plan sensori-désirant, il y a ce qu'on appelle de façon générale psychisme : **le corps intellectuel/mental** *(manomaya kośa)*, créé par le monde mental de Dieu, la sphère céleste *(svar loka)*. Ici, la tendance active domine, la tendance statique est moyenne et la tendance consciente négligeable.

Derrière ce psychisme vient le plan ou **corps**[1] **supramental** *(atimánasa)* de l'être humain, créé à partir du monde supramental/le *mahar loka*. La tendance active domine encore ici, mais la tendance statique y est négligeable et la tendance consciente moyennement présente.

____

[1] *(Sattá, deha ou kośa)*. Le *kośa* désigne un corps *(deha)* [physique ou psychique pour un individu]. Les corps *(kośa)* sont dans les sphères d'existence.

Le plan subliminal – *vijiṇánamaya kośa* – ; nous avons là la présence d'élans réactionnels *(saṁskára)*. La tendance consciente domine ici, la statique y est moyenne et l'active négligeable. Ce corps mental dit « de la juste connaissance[1] » *(vijiṇánamaya)* correspond à la sphère divine *janar*.

Le psychisme « doré » *(hiraṅmaya kośa),* il correspond au *tapar loka* [« sphère issue des austérités »]. La tendance consciente domine encore ici, mais la tendance statique est négligeable, et la tendance active moyenne. *Hiraṅmaya[2]* signifie « d'or » ou « doré ».

[Au-delà du psychisme se trouve :]

Le plan de la Vérité éternelle *(Satya loka)* qui est l'état où l'on ne perçoit rien d'autre que la Vérité absolue. On ne ressent sur ce plan aucune dualité issue d'une transformation d'un état grossier, d'une dégénérescence.

L'âme de l'individu se situe sur ce plan béatifique de la Vérité éternelle, qui est au-dessus de l'enveloppe *(kośa)* dorée.

Dieu pur et sans divisions se trouve au-delà de l'enveloppe d'or. Il est la clarté, lumière des lumières, que ceux qui connaissent l'âme perçoivent.[3]

(Muṅḍaka Upaniśad)

Dieu se manifeste sous la forme de sept plans sous l'action de la Force opératrice. Ce qui signifie que c'est la création en Dieu du principe mental *(mahat-tattva)*, etc.[4] [l'expression psychique de Dieu, autrement dit le Macrocosme] qui a permis cette manifestation à sept niveaux *(loka)*.

---

[1] Du jugement, de la conscience (le discernement). (ndt)
[2] = *hiraṅya-maya* ; *hiraṅya* signifie « or », *-maya*, « fait de ». (ndt)
[3] *Hiraṅmaye pare koshe virajaṁ Brahma niśkalam,*
Tac chubhraṁ jyotiśáṁ jyotis tad yad átmavido viduh. (2,2,10)
[4] Le moi *(ahaṁtattva)* et le substrat mental/je objectivé *(citta)*, voir schéma p. 151. (ndt)

L'être individuel *(jiivátman)* constitue son corps physique, son enveloppe charnelle, en accord avec ses élans réactionnels, à partir des cinq éléments de la matière, manifestation la plus grossière du psychisme divin. À l'aide de cette enveloppe corporelle et de ses sens et facultés motrices, cet être individuel recherche, par la jouissance des objets du monde extérieur, le bonheur.

Il n'existe pourtant en réalité qu'une seule et indivise entité. L'être individuel *(jiivátman)* et Dieu *(Paramátman)* ne se différencient que par leur « qualité distinctive » *(upádhi)*.

Là où Dieu est doté de la qualité distinctive du je existentiel *(mahat)* ou du je agissant *(aham)* universels, on parle d'Entité suprême *(parama brahma)*, et là où il a pour qualité distinctive un corps physique conforme à des élans réactionnels, on parle d'être individuel :

> *Ce qui différencie les deux [Dieu et l'individu] est leur qualité distinctive. Cette qualité distinctive n'est pas substantielle[1]. Comprends que le Macrocosme[2] vient de l'action de la Force créatrice primordiale sur Dieu tandis que les cinq enveloppes corporelle et psychiques[3] sont l'expression d'une individualité.[4]*   *(Viveka-cúdámani[5])*

La pratique spirituelle apprend à s'établir au-delà de cette différence due à la qualité distinctive/l'attribut propre *(upádhi)*.

> *Rejetez les attributs qualifiant l'Être suprême comme tel et l'être individuel comme tel et il n'y aura plus ni*

---

[1] C'est-à-dire qu'il ne constitue pas l'essence de l'être. (ndt)

[2] « Le *mahat*, etc. »

[3] Voir *painca kośa* dans le glossaire p. 147. (ndt)

[4] *Tayor virodho 'yam upádhi-kalpito na vástavah kashcid upádhir eśah ; Iishádyamáyá mahad-ádi–kárańam jiivasya káryam shrńu painca-kośam.*

[5] *(243 (246))* ; *« Le Meilleur du discernement »,* fameux ouvrage de l'école non-dualiste. (ndt)

*Être suprême ni être individuel. Ôtez son royaume au roi
et son gourdin au lutteur et il n'y a plus ni roi ni lutteur.*[1]
(Viveka-cúdámañi)

Ce sont les attributs royaux qui désignent le roi, et le gourdin qui désigne le lutteur. Prenons Vishwanâth par exemple, il sera acclamé comme le roi s'il porte les insignes royaux tandis qu'on le prendra pour un lutteur s'il tient un gourdin. Il reste pourtant le même quand on lui ôte les insignes royaux et le gourdin.

Ce qui différencie l'être individuel *(jiiva)* et l'Être suprême *(Paramátman)* est de même leur attribut propre *(upádhi)*. En éliminant cette différence liée aux attributs propres, l'individu se fond en Dieu, atteignant à sa véritable nature.

Notre véritable identité est la Vérité absolue *(Satya)* qui se trouve là où il n'y a pas la dégradation d'une condition contingente *(upádhi)*. La pratique spirituelle vise cette véritable identité : elle consiste à faire se révéler la Véritable Réalité *(Satya)* en mettant à bas ce qui n'est pas elle. Les sphères d'existence *(loka)* et les plans de conscience *(kośa)* sont tous un état « corrompu » [de l'Esprit], non la Vérité absolue *(Satya)*. Celle-ci est immuable, si elle variait, elle ne serait plus absolue. Elle est cela seul qui ne varie pas. Elle demeure dans un état inaltéré de tout temps : passé, présent et futur. Étant de tout temps immuable, elle est non seulement au-delà de l'emprise du temps mais aussi du lieu et de la personne/l'objet. Il n'y a aucune différence en elle, pas même différentes parties en son propre être. Dieu et la Vérité éternelle sont une seule et même entité, indivisible, continue et immuable. Aucune différentiation n'est présente dans la Vérité absolue. Peut-il alors y avoir la moindre différence entre elle et des objets extérieurs ? Non, car elle ne peut entretenir la

---

[1] *Etáv upádhii Para-jiivayos tayoh samyaun-niráse na Paro na jiivah,
Rájyam Narendrasya bhatasya khetakas tayor apohe na bhato na rájá.
(244 (247))*

moindre différence, telle une différence intérieur/extérieur. Rien ne peut exister en dehors de cet Absolu, autrement il y aurait différence. Au-delà de lui, il n'y a pas d'existence. Ce qui est sans division/continu et qui n'est pas un fragment ne peut avoir de frontière. Tout objet comparable se trouve donc à l'intérieur de lui. Il ne peut y avoir de différence dans ce qui est Vérité absolue, que la différence soit intra-espèce, inter-espèces ou entre différentes parties d'un même corps. Si un manguier était la vérité absolue, qu'en serait-il des autres espèces de ce monde ? Aucun manguier n'est donc pas la vérité absolue puisqu'il diffère des autres espèces de manguiers (les *bambái*, les *kiśenbhoga*, etc.) Il a de plus des différences dans sa propre forme : les feuilles, les bourgeons, les fruits, etc. diffèrent les uns des autres. Il n'est donc pas une vérité absolue mais une vérité relative.

Une vérité relative dépend du moment, du lieu et de la personne. De loin, la lune semble avoir la taille d'une assiette mais si l'on s'en rapproche, elle devient de plus en plus grosse. Quelle est alors sa taille ? La taille est une fonction spatiale, elle n'est donc pas absolue mais relative. Si la route la plus courte pour aller de Bhagalpour à Monghyr se trouve à l'ouest, on peut cependant atteindre Monghyr en partant à l'est si l'on fait le tour de la terre ! La distance dépendant de la direction, peut-on parler de vérité absolue ? Un homme souffrant de jaunisse verra du jaune dans tout ce qu'il regarde, alors qu'une personne normale verra toute chose de ses vraies couleurs. Cela dépend de la personne et n'est donc pas absolu. On voit ainsi que la distance et la personne ne sont pas des vérités éternelles.

Voyons maintenant le facteur temps. Dans quelle mesure peut-on parler de la réalité d'un évènement historique ? Supposons que la bataille du Mahâbhârata ait eu lieu il y a 3253 ans. C'est un fait établi que nous voyons les choses grâce à la lumière. Nous ne voyons que les étoiles dont les rayons lumineux arrivent jusqu'à nous. Supposons maintenant que les ondes lumineuses de l'époque du Mahâbhârata mettent 3253 ans plus 800 ans pour atteindre une certaine planète. Si aujourd'hui, sur cette planète, quelqu'un prend un télescope pour observer la terre que verra-t-il ? Il verra que le Mahâbhârata n'a pas encore eu lieu ici. Pour lui il se produira dans huit cents ans, c'est après cette période qu'il verra vraiment la guerre du Mahâbhârata se produire. Ce qui est le passé de l'un est le présent d'un autre et encore l'avenir d'un troisième. Toutes ces choses sont des vérités relatives. On peut dire la même chose du son. Si l'on parle fort, une personne normale peut avoir l'impression qu'on crie tandis qu'une personne malentendante dira qu'on parle tout bas.

[Les plans d'existence] sont le physique, le sensori-désirant, le mental, le supramental, le subliminal, le doré et finalement la Vérité éternelle[1]. Lorsqu'on s'établit dans cette Vérité absolue, l'on accède à la connaissance des trois temps [(passé, présent et futur)], et finalement de la Vérité elle-même, de Dieu. Plus rien alors n'est inharmonieux. Il est bien sûr difficile de s'établir en Dieu, mais une fois établi en Dieu, on est libéré de toute disharmonie.

L'être humain peut atteindre à la connaissance du passé, du présent et du futur en allant au-delà du psychisme grâce à la pratique spirituelle. S'il faut supprimer le psychisme, c'est à cause de sa nature relative, qui s'oppose à la connaissance absolue.

Dès qu'il y a action, il y a mouvement. Le temps est la mesure mentale de ce mouvement. En l'absence d'action, le psychisme n'est plus, il n'y a donc pas non plus de temps : une

---

[1] *Annamaya, kámamaya, manomaya, atimánasa, vijiṇánamaya, hiraṅyamaya* et *Satya.*

personne inconsciente pendant trois heures n'a pas idée du temps écoulé. L'action et le psychisme étant des vérités relatives, le temps aussi est relatif. Il dépend de l'espace et de la personne, tout comme l'espace et la personne dépendent de lui. On ne peut donc pas dire le temps éternel et ininterrompu puisqu'il ne peut exister en dehors de l'espace et de la personne.

L'être humain retire ou s'efforce de retirer du plaisir des objets, petits ou grands, mais il ne peut obtenir la béatitude éternelle d'une vérité relative. C'est pour cela que les sages se consacrent à l'Entité au-delà du temps.

Le corps et le psychisme sont soumis aux limitations temporelles, il est donc insensé de les suivre. Il est bien sûr juste d'en prendre soin, mais l'on ne doit pas s'y consacrer. L'on doit, par sa pratique spirituelle *(sádhaná)*, s'établir en l'Éternel.

Grand rassemblement spirituel *(DMC[1])*
Pleine lune de la Béatitude *(Ánanda)*[2],
6 mai 1955

---

[1] *Dharma-mahá-cakra.* (ndt)
[2] L'*Ánanda Márga* appelle la pleine lune d'avril-mai *(vaeshákh)* Ánanda *púrñimá* (la pleine lune de la Béatitude) en l'honneur de *Shrii Shrii* Ánanda-múrti, fondateur de la Voie, né ce jour là. (ndt)

DIEU/LE MACROCOSME	tendance *(guńa)*			LE MICROCOSME
monde *(loka)*	cons-ciente	active	stati-que	**enveloppe psychique ou physique** *(kośa)*
de la Vérité – *Satya*		Au-delà du psychisme		
doré – *Tapah*	***	**	*	dorée – *hirańmaya*
subliminal – *Janah*	***	*	**	subliminale – *vijińánamaya*
supramental – *Mahar*	**	***	*	supramentale – *atimánasa*
mental – *Svar*	*	***	**	mentale – *manomaya*
physico-psychique – *Bhuvah*	**	*	***	sensori-désirante – *kámamaya*
physique – *Bhúr*	*	**	***	corporelle – *annamaya*

6. L'appel divin

Une enveloppe *(kośa)* est un réceptacle/contenant *(ádhára)*. Les sept sphères d'existence *(loka)* et les cinq enveloppes *(kośa)* sont-elles distinctes de Dieu/de l'âme[1] *(átman)* ? Le contiennent-elles ? Les contient-il ? Quelle est leur relation ?

Si l'on affirme *Dieu seul existe, il n'y a rien d'autre que lui,*[2] peut-on considérer Dieu comme un contenant ou comme un contenu ? Si l'on dit que Dieu est l'un des deux, qu'en est-il de l'autre ?

Parler des sept sphères d'existence et des cinq enveloppes comme du contenant de Dieu, c'est reconnaître l'existence de quelque chose en dehors de Dieu. Prenons par exemple une personne dans une maison. Cette personne et la maison ont une existence distincte : la maison est le contenant et la personne le contenu. C'est pourquoi la maison est distincte de la personne.

En ce qui concerne les cinq enveloppes, l'âme est le contenu et l'enveloppe *(kośa)* le contenant[3]. Un contenant doit forcément être plus grand que son contenu, sinon comment pourrait-il le contenir ? Cependant, rien n'est plus grand que Dieu/Âme universelle *(Paramátman)*, Dieu ne peut donc pas avoir de contenant. Est-ce à dire qu'il n'y a pas cinq enveloppes et sept sphères d'existence [en ce qui concerne Dieu] ? Oui, absolument, car

---

[1] La question est ici posée également pour les cinq enveloppes à cause de l'ambiguïté du terme *átman* (« soi ») qui désigne à la fois Dieu *(paramátman)* et l'âme *(jiivátman)*. (ndt)

[2] *Eko Brahma dvitiiyo násti.*

[3] Voir schémas p. 68 et p. 152. (ndt)

les sept sphères sont Dieu *(Brahma)* lui-même, elles le constituent par leur ensemble. L'être individuel est lui formé par les cinq enveloppes.

Il y a une différence simple entre Dieu et l'individu. Celui-ci a deux « je » : son psychisme – manifestation de la force créatrice *(máyika[1])* –, et son état de pur esprit – reflétant la vraie nature divine – : son âme, qui est son vrai je.

Des sept sphères d'existence, c'est seulement dans celle de la Vérité *(Satya loka)* que Dieu *(Brahma)* est à l'état originel ; dans les six sphères restantes, il est sous l'influence de la Force créatrice *(Máyá)*. Peut-on ainsi dire que Dieu à l'état originel, qui est Dieu immuable, emplit ce monde visible tout autour de nous ? Que les six sphères restantes sont le réceptacle de Dieu ? Dieu n'a pas de contenant. Les six sphères/plans restants sont générés en lui, au sein même de son être. La lumière diffère-t-elle de sa source ? Les six plans sont le rayonnement, la manifestation de Dieu, il n'y a pas de relation contenant/contenu entre eux et lui.

La différence entre Dieu et l'être individuel existe tant que demeure un sentiment individuel. Quelle relation lie Dieu et l'être individuel ? Qu'est-ce que l'individu ? Le corps physique est contenu dans un *kośa*/une « enveloppe/fourreau ». Une enveloppe *(kośa)* devant être plus grande que ce qu'elle contient, l'enveloppe sensori-désirante *(kámamaya)* est plus grande que le corps physique. De même, l'enveloppe purement mentale est plus grande que l'enveloppe sensori-désirante, l'enveloppe supramentale plus grande que l'enveloppe mentale, et l'enveloppe subliminale plus grande que l'enveloppe supramentale. L'enveloppe dorée est plus grande que l'enveloppe subliminale et la plus grande de toutes est la sphère de la Vérité *(Satya loka)*.

---

[1] Autrement dit créée par la *máyá* (l'« illusion »), la force créatrice, et donc relative et passagère. (ndt)

Tous ces aspects concernent l'être individuel, dont ils sont les réceptacles. Mais de quel type est la relation entre le contenant et le contenu ? C'est une relation sujet/objet. Par exemple, quand l'objet est le corps physique, le sujet est le psychisme, c'est-à-dire que mon corps est l'objet de mon psychisme, qui lui est ainsi lié. Le corps est le réceptacle du psychisme, qui est lié à son réceptacle.

L'élément fondateur du psychisme (le *mahat-tattva)* est le sentiment [d'existence, le] « je suis », qui est l'état le plus subtil du psychisme. Chaque être individuel *(jiiva)* a un sentiment d'existence. Là où l'Esprit *(Átmá)* assume un état d'existence particulier, il est un être individuel *(jiiva)*, et en tant qu'il *(átmá)* assume l'état de sujet connaissant[1] [le je sais que je suis] indivi-duel, nous l'appelons l'âme. Ainsi, quand l'Esprit assume l'état de sujet connaissant de M. Shyám, je le considère comme l'âme de M. Shyám. En chaque individu, tous les niveaux du psy-chisme – du sensori-désirant au « doré »[2] – ont une activité conceptuelle. Le sujet connaissant derrière cette faculté concep-tuelle du psychisme est l'esprit, l'âme. Ce n'est pas une relation de plus grand à plus petit, mais de sujet à objet. C'est ainsi que le psychisme est le sujet pensant du corps, et l'âme, le sujet connaissant du psychisme.

Y a-t-il véritablement d'innombrables âmes[3] ? Qu'est-ce qui les différencie ? C'est la différence de leurs objets qui nous fait voir comme d'innombrables âmes, une Âme unique[, l'Esprit]. Derrière les nombreux psychismes, il n'y a qu'une seule Faculté connaissante/témoin *(jiṇátr)*, car c'est Dieu le sujet connaissant de tous les sujets connaissants dans les états variables comme

---

[1] *Jiṇátrbháva.*
[2] Schéma p. 68. (ndt)
[3] Comme l'affirme la philosophie *sáṁkhya.* (ndt)

immuables – c'est-à-dire les états sous l'influence de la Force ou libéré d'elle – de l'individu *(jiiva)*.

Dieu se manifestant[1] est le connaisseur et le connaissable, l'immuable et le variable. Il est ainsi l'ensemble du changeant et l'ensemble de l'immuable. Quant à l'état individuel, il réunit un fragment de changeant et le fragment d'immuable qui lui est associé. L'état transcendant *(nirguña)* est lui au-delà de cet immuable, absolument libre.

Dieu se manifestant a-t-il une autorité sur ce qui est immuable au niveau individuel ? Oui, absolument.

> *La Force opératrice est le changeant, et l'âme l'immuable. Derrière cela, il y a Dieu en tant que celui qui gouverne* – on l'appelle alors le Seigneur, le Très-Haut[2]. *En s'absorbant en lui, l'être humain peut se libérer de l'illusion universelle.*[a3]
>
> (*Shvetáshvatara Upaniśad*)

Comment se libérer ? Considérons l'objet de la pensée d'un individu. Cet individu regarde ce monde de son point de vue. Sa pensée prend la forme de ce sur quoi elle se pose. Ainsi, si elle fait de Dieu son objet, elle en prend la « forme » :

> *En répandant en soi un divin sentiment d'universalité, l'on atteint l'infinitude et l'on voit l'univers du point de vue de Dieu.*[a3]
>
> (*Shvetáshvatara Upaniśad*)

C'est pourquoi les Écritures disent :

> *Celui qui éprouve Dieu devient lui-même Dieu.*[4]

---

[1] *(Saguña Brahma)*, autrement dit Dieu en qui la Force se manifeste : *sa* (avec) + *guña* (voir chap. 2 les *guña* ou aspects de la Force opératrice). (ndt)

[2] *Iishvara, Puruśottama.*

[3] *Kśaraṁ Pradhánam amrtákśaraṁ Harah, Kśarátmánáv iishate Deva ekah, Tasyábhidhyánád yojanát tattva-bhávád Bhúyash cánte vishva-máyá-nivrttih.*
   (1,10)

[4] *Brahmavid Brahmaeva bhavati.*

Lorsque le petit je se transforme en Je divin, universel, l'âme individuelle s'unifie à l'âme de ce Je universel *(bhúmá)*, l'âme de Dieu se manifestant *(Saguńa Brahma)*.

Dans la vie quotidienne, l'être humain préserve son existence physique. Il se tourne ainsi, du fait de ses préoccupations matérielles, vers le grossier/l'inerte. Les préoccupations de base comme la nourriture et l'habillement relèvent de l'enveloppe sensori-désirante, le plan psychique qui s'associe aux choses matérielles. Trouve-t-on là l'occasion de s'élever ? les animaux aussi vivent ainsi.

> *Les hommes ont cela de semblable aux animaux : manger, dormir, avoir peur et copuler. La particularité supplémentaire qui est la leur est la spiritualité (dharma),* sans spiritualité – s'ils ne suivent pas la juste voie *(dharma)* malgré leur état humain – *ils sont semblables aux animaux.*[1]   *(Hitopadesha 0.25)*

L'être humain peut au choix se diriger vers le subtil ou dégénérer vers le grossier. Bon nombre de doctrines ne s'appuient que sur la seule enveloppe sensori-désirante *(kámamaya)* (elles ne tiennent alors compte que du facteur économique). L'enveloppe sensori-désirante n'est cependant, pour l'être humain, qu'une de ses enveloppes, une enveloppe que possèdent aussi les plantes, et qui leur permet de tirer leur énergie vitale de la terre, de l'air et de l'eau.

Quand seule l'enveloppe physique est présente, les plans psychiques sont dormants. Le psychisme est inerte et il n'y a donc pas de sentiment de d'existence, et donc pas d'état connaissant/témoin. Le psychisme étant sous forme latente,

---

[1] *Áhára-nidrá-bhaya-maethunaḿ ca sámányam etat pashubhir naráńám,*
Dharmo hi teśám adhiko visheśo dharmeńa hiináh pashubhih samánáh.

l'âme – reflet de l'Esprit [sur le psychisme] – ne peut s'y révéler.

Une doctrine matérialiste abêtit l'être humain, parce qu'elle ne lui permet pas de s'élever psychiquement. L'être humain a pourtant une certaine capacité à la discussion philosophique grâce à son plan mental/intellectuel. Les différences mentales ont engendré diverses pensées philosophiques : le bouddhisme, le jinisme, l'islam, le christianisme, etc., mais seule la spiritualité véritable étend l'objet de sa méditation à l'âme/l'Esprit *(átman)*, le plus subtil de tous les sujets subtils.

Le psychisme est l'objet de l'âme. Pour atteindre l'âme, unifiez le psychisme à son sujet originel. Fusionnez l'objet à son sujet. La relation entre eux est exactement la même qu'entre votre main et vous. La seule voie vers la connaissance de soi/de l'âme est d'unifier son psychisme à son sujet connaissant [l'âme], le retirant de la manifestation grossière de l'âme. On ne peut y arriver qu'en dirigeant ses propensions/tendances naturelles vers l'intérieur. Cette introversion de ses propensions/élans s'obtient à l'aide de connaissance et de pratique spirituelles. On ne peut s'introvertir sans comprendre une à une les enveloppes physique et psychiques *(kośa)* [de l'âme]. Quand on ressent que le corps physique est le véhicule du psychisme, on sait que sa pratique spirituelle progresse. Cela veut dire qu'il faut percevoir chaque enveloppe. Pour cela, il faut comprendre où finit une enveloppe et où commence la suivante.

Le psychisme est immature ou mature selon qu'il se tourne vers l'extérieur ou vers l'intérieur. La parfaite connaissance s'obtient par la connaissance des cinq enveloppes. Prenez une mangue bien mûre, bien que la pulpe et le noyau d'une mangue mûre restent ensemble, ils sont en fait distincts. La maturité représente l'accomplissement.

Ce qui différencie une véritable voie spirituelle *(dharma)* d'une doctrine sectaire, c'est qu'elle perfectionne chaque enveloppe/chaque corps et niveau psychique, de sorte que l'être humain puisse progresser dans sa pratique spirituelle. Car ce n'est que parvenu à la maturité des différentes parties qu'on peut les distinguer de la matière originelle.

La pratique spirituelle trouve ses fondements dans la philosophie, elle s'appuie sur la raison. Dans les anciens temps, beaucoup de gens [en Inde] pensaient que le monde se limitait à l'Inde. Ils ne pensaient pas à aller au-delà de ce qu'ils pouvaient voir de leurs yeux. S'ils avaient réfléchi un peu plus, ils auraient compris qu'ils se trompaient. Semblablement, beaucoup de philosophies modernes sont uniquement matérialistes : leurs auteurs n'ont pas pleinement réfléchi. C'est pourquoi on ne peut considérer ces philosophies comme parfaites. Seules celles qui conduisent au niveau le plus entier de l'âme *(átmá)*, en menant la pensée à sa fin pour chaque courant mental, sont de véritables philosophies. Les autres ne sont que des raisonnements académiques.

Qu'en est-il des doctrines sectaires[1] ? Certaines nous enjoignent d'adorer des idoles, d'autres de se baigner dans le Gange, tout cela n'est que création mentale et s'arrête là. Le bonheur du paradis, les douleurs de l'enfer, toutes ces choses ne sont que des conceptions mentales de ce monde physique qui s'achèvent toutes dans le monde purement mental *(manomaya)*. Leurs auteurs se limitent à ce plan : *Ils recherchent la jouissance, non la délivrance.*[2]

Certaines doctrines soutiennent qu'on connaît le bonheur après la mort, mais comment profitera-t-on de ce bonheur ? psychiquement bien sûr. Or, où va notre psychisme après la destruc-

---

[1] *(mataváda vá mazhab vá religion).*
[2] *Bhuktaye, na tu muktaye.*
(Viveka-cúdámañi (Le Meilleur du discernement) v. 58)

tion de son véhicule physique le cerveau ? Qui alors jouit de ce bonheur ?

C'est l'âme/l'esprit, forme indivisible, entité omnisciente, qui anime, et la question de son changement de lieu ne se pose pas. Il n'y a pas d'âme dans la tombe, et la question de son éveil ne se pose donc pas non plus. Dans ce genre de doctrines, on appelle en fait âme le plan mental, mais s'il n'était qu'esprit, on n'aurait pas à craindre la douleur ni à espérer de plaisirs.

> *Immobile, un, plus rapide que la pensée, [l'Esprit] devance sens, organes moteurs et pensée qui ne peuvent l'atteindre. Sans se déplacer, il les distance, eux qui courent. Lui qui anime la matière est, en ce monde, la source de toute action.*[1]   *(Iishá Upaniśad[2])*

Ces doctrines sectaires ne vont généralement pas plus loin que le plan mental. L'idolâtrie peut au mieux élever une personne jusqu'au plan supramental, mais pas au-delà. Les nombreuses personnes qui aspirent au bonheur par l'idolâtrie n'espèrent pas se fondre en Dieu *(Paramátman)*. Elles désirent le servir éternellement, demeurant auprès de lui. Le bouddhisme s'élève au-delà, en ce qu'il se préoccupe aussi de l'anéantissement des réactions potentielles. Ce qu'on appelle la dissolution du moi est la destruction de l'existence du je/du moi (Bouddha ne reconnaît pas l'existence de l'âme, mais parle de la destruction du moi). Mais qui va détruire le moi ? C'est le moi lui-même qui va détruire le moi, c'est pourquoi on peut considérer le sentiment de je comme ce qu'il y a de plus subtil dans le psychisme.

---

[1] *Anejad ekaḿ manaso javiiyo Naenad devá ápnuvan púrvam arśat,*
  Tad dhávato 'nyán atyeti tiśthat Tasminn apo mátarishvá dadháti. (4)
[2] L'*Iishá Upaniśad* est l'une des plus anciennes oupanishads ; elle est traduite et commentée dans le volume suivant : *La Science sacrée des Védas.* (ndt)

La manifestation la plus subtile du psychisme, son expression première qui est le je existentiel *(mahattattva)*, se trouve au niveau psychique doré *(hiraṅmaya)*. S'installer à ce niveau [doré] par un état de conscience universelle est le *savikalpa samádhi* [union spirituelle avec participation mentale (où se maintient un sentiment de sujet)]. Puis lorsque le psychisme doré, surmontant l'influence des réactions potentielles, se fond en Dieu sans division *(niśkala Brahma)*, nous appelons cette unification le *nirvikalpa samádhi* [l'union sans participation mentale, au-delà du sentiment de sujet].

Ceux qui se situent au niveau des désirs et de leurs objets *(kámamaya kośa)* disent qu'il ne faut pas voler parce qu'on pourrait nous rendre la pareille. Voilà le mode de pensée des matérialistes, il est empreint de vues égoïstes. La juste approche est de ne pas voler pour préserver sa pureté mentale/l'état de grâce de son psychisme.

Il nous faut parfaire et le corps et chacun des niveaux psychiques, mais comment ? D'abord par la pratique indispensable des principes de l'éthique spirituelle. Le corps physique se parfait par les postures de yoga, le plan sensori-désirant par l'observance des principes moraux spirituels, le plan mental par l'allongement du souffle, le corps supramental par le recueillement et le corps subliminal par la concentration méditative. La méditation profonde parfait le corps doré, puis l'extase/l'union qui s'ensuit commande l'accès à l'âme. Les personnes véritablement pieuses sont celles qui s'appliquent avec sérieux à parfaire/purifier tous ces plans physique et psychiques.

L'existence humaine a « cinq[1] corps/plans » et sa pratique spirituelle est octuple[2]. C'est elle qui est véritablement spiri-

---

[1] Voir la note *paiṇca kośa* p. 147. (ndt)
[2] Les « huit ressources » *(aśṭanga)* du yoga systématisées par Patañjali et détaillées au paragraphe précédent comme les moyens de perfectionner les

tuelle *(dharma)*. Toute pratique qui ne permet pas la purification et le perfectionnement de tous les plans de l'existence humaine n'est pas spirituelle mais sectaire.

Corps ou plan physique ou psychique *(kośa)*	[Fonction	Se purifie par
Le corps physique *annamaya-kośa*	action et sensation	les postures de yoga *(ásana)*
Le psychisme sensori-désirant *kámamaya-kośa*	met en contact avec le monde extérieur	l'éthique yoguique *(yama* et *niyama)*
Le psychisme intellectuel/mental *manomaya-kośa*	lieu de la mémoire, de la pensée et du rêve.	l'allongement du souffle *(pránáyáma)*
Le psychisme supramental *atimánasa-kośa*	les élans réactionnels commencent à s'y manifester	le recueillement ou retrait du monde extérieur *(pratyáhára)*
Le psychisme subliminal *vijiṇána-maya-kośa*	le niveau de sagesse et d'altruisme que perçoit l'artiste	la concentration méditative *(dháraná)*
Le psychisme « doré » *hiranmaya-kośa*	lieu des élans réactionnels dormants et de l'intelligence appointée[1]]	la méditation profonde *(dhyána)*
Au-delà du psychisme		**On y accède par**
L'âme *(átman)* le monde de la Vérité *(Satya)*		l'union spirituelle *(samádhi)*

<hr>

différents « corps » et d'accéder à l'âme : les *ásanas, yama* et *niyama, pránáyáma, dháraná, dhyána* et *sámadhi* (cf. 3e colonne du tableau). (ndt)

[1] *(Agryá buddhi)*, la fonction psychique menée à son point culminant, voir chap. « La matière et l'Esprit » de *La Spiritualité de la Katha Oupanishad*, de l'auteur, 1956, édition française, France, 2016. (ndt)

Pourquoi pouvons-nous dire que la pratique octuple *(aśṭáuṇ-ga-yoga)* est véritablement spirituelle *(dharma)* ? La spiritualité se propose d'atteindre au bonheur, et le bonheur véritable ne se trouve qu'en l'âme. Dans les différents corps [physique ou psychiques] *(kośa)*, on ne peut connaître qu'un bonheur partiel. Tant qu'on ne s'est pas élevé jusqu'à l'âme, on doit parfaire chaque corps, en n'en excluant aucun. Ce n'est que là où la joie est parfaite qu'est la spiritualité, tout le reste n'est que vues sectaires procurant un bonheur incomplet, l'agréable et non la béatitude/le salut auquel mène la spiritualité. La spiritualité conduit à l'âme/l'Esprit, pure conscience, le reste conduit au grossier/à l'ignorance. La spiritualité est ainsi ce qui fait vivre l'âme.

De même que la nature du feu est de brûler, la nature humaine est de connaître le bonheur. Là où l'on recherche le plus agréable, il y a l'ignorance, et là où l'on poursuit les biens éternels, il y a la connaissance. Le bonheur du paradis et la peur de l'enfer sont absolument mentaux. Dans la vraie spiritualité, il n'y a pas de peur car elle ramène à l'état originel. Seule une voie visant le bonheur pur de Dieu/la béatitude *(ánanda)* est véritablement spirituelle, le reste n'est que doctrines sectaires.

C'est Dieu *(Saguńa Brahma)* qui nous inspire à pratiquer la spiritualité. L'on doit donc lui en être reconnaissant car c'est par sa Grâce que nous avons reçu la capacité d'avoir une pratique spirituelle. L'être humain qui n'effectue pas de pratique spirituelle est inférieur aux plantes mêmes car celles-ci n'en ont pas la capacité alors que lui l'a. Le sage profite de ce bienfait, celui qui ne le fait pas n'est qu'un sot. Vous bénéficiez de la grâce divine et d'une forme humaine, utilisez bien cette grâce, ne permettez pas que cette précieuse occasion soit gaspillée.

Les noms de Krishna et de Hari[1] sont si doux,
Bien sage celui qui adore Krishna,
J'ai laissé passer mes jours et mes nuits en vaines actions,
Sans adorer aux lotus des pieds de Râdhâ et Krishna ![2]

(Narottamdâs Thákur)

Vous avez une forme humaine. Vous avez la chance de ne pas devoir exister sous la forme d'une pierre ou d'une plante. L'univers tout entier jouit de la grâce divine, mais l'être humain jouit d'une plus grande grâce. Il a le privilège de la pratique spirituelle.

C'est une grâce exceptionnelle que Dieu octroie lorsqu'il apparaît en tant que guide spirituel authentique *(sadguru)* pour enseigner à l'être humain les pratiques spirituelles. N'est-ce pas sa grâce toute particulière quand Dieu attire quelqu'un à lui ?

Un maître spirituel authentique exerce une attraction sur le plan psychique doré *(hirańmaya kośa)* de son disciple, manifestant ainsi une science divine *(Brahmavidyá)*.

Quand l'attraction s'exerce du plan psychique doré d'une personne sur le plan psychique subliminal/*vijiṇána-maya* d'autrui, grâce à la science des anges *(daevii vidyá)*, cette personne est un maître de deuxième catégorie *(madhyama guru)*

Lorsque l'influence est du niveau psychique subliminal d'une personne vers le plan psychique supramental d'une autre, il s'agit de science artistique *(gandharva vidyá)*. Quelqu'un doté de cette capacité fait aussi partie des maîtres de deuxième catégorie. Il éveille les sentiments spirituels chez ses disciples par des chants spirituels mélodieux *(kiirtana)*, etc.

---

[1] Une appellation de Krishna. (ndt)
[2] *Krśńa-náma Hari-náma bańai madhur, yei jana Krśńa bhaje se bańa catur. Din gela miche káje rátri gela nide, Ná bhajinu Rádhákrśńa carańáravinde.*

La faculté qu'exerce une personne lorsqu'elle attire à l'aide de son plan psychique supramental le plan purement mental d'autrui est le savoir captieux *(rákśasi* ou *paeshácika)*.

L'influence qu'une personne exerce à l'aide de son plan purement mental sur le psychisme sensoriel d'une autre, est l'hypnotisme *(bhúta vidyá)*.

Puis lorsque l'attraction se produit du psychisme sensoriel vers le corps physique de celui qui est attiré, on est en présence d'une force d'attraction physique.

Dieu se manifestant répand sa Grâce sur les êtres vivants. Qu'ils en fassent bon usage. Vous avez été bénis, utilisez bien cette Grâce. Comment ? En atteignant l'état de transcendance absolue, au-delà de toute dualité, supprimant ce qui différencie le sujet et l'objet. Le but le plus élevé de la pratique spirituelle est d'atteindre cet état au-delà de tout attribut *(nirguńa)*, accomplissement suprême.

Je m'offre à toi, ô Seigneur suprême, ma destination ![1]
dit le pratiquant.

Ô être humain ! tu es béni : le clair appel divin t'est parvenu et tu l'as entendu. Chaque cellule de ton corps vibre de cet appel. Vas-tu rester frileusement au coin du feu ? perdre ton temps à t'accrocher aux vieux schémas et pleurer sur eux ? Le grondement de l'océan, le tonnerre, la rapidité de l'éclair, les lueurs flamboyantes des météores, tous résonnent de l'appel que te lance le Divin. L'on n'obtient rien par l'oisiveté, lève-toi et réveille en toi les qualités chevaleresques endormies de ta jeunesse ! Le chemin n'est peut-être pas couvert de fleurs, le complexe d'infériorité s'efforcera peut-être de ralentir chacun de tes pas. Pourtant, va de l'avant, déchire le voile de l'ignorance ! Le

---

[1] *Nivedayámi cátmánam tvam gatih Parameshvara.*

divin rayonnement que réfléchira ta pratique spirituelle dans sa rapide avancée vers l'accomplissement suprême dissipera bientôt toutes les ténèbres du désespoir.

Grand rassemblement spirituel *(DMC[1])*
Pleine lune du 5 juin *(jyaeśtha)* 1955

---

[1] *Dharma-mahá-cakra.* (ndt)

7. L'adoration
(Bhakti-tattva)

Le mot *bhakti* signifie adoration. Pour qu'il y ait adoration, il faut que l'adoré et l'adorateur soient en présence l'un de l'autre, c'est pourquoi tant qu'une différence subsiste entre Dieu et son adorateur, il est possible et même nécessaire de pratiquer l'adoration *(bhakti-sádhaná)*.

L'adoration est un amour supérieur/absolu *(paránurakti)* :
C'est un amour supérieur pour Dieu.[1]

Bhakti-Sútras de Sháńdilya

L'amour[2], c'est aimer ou être attiré par un être ou un objet que l'on connaît. Il y a l'amour supérieur, pour Dieu, l'être total, et l'amour inférieur, pour les manifestations temporelles – physiques et mentales – de Dieu. L'objet de l'amour supérieur est Dieu, et quand l'aspirant pratique cet amour on parle d'adoration *(bhajaná* ou *bhakti)*.

Ces deux types d'amour se différencient par le mouvement mental qui les accompagne. Ce mouvement mental va soit vers l'intérieur soit vers l'extérieur. L'amour/l'attraction inférieure est caractérisée par un mouvement mental vers l'extérieur, et l'attraction supérieure par un mouvement mental vers l'intérieur. Un mouvement mental allant vers l'extérieur asservit la personne aux sens, l'éloigne du subtil, lui faisant manquer son héritage spirituel. L'attraction supérieure tout au contraire la libère

---

[1] *Sá paránuraktir Iishvare. (v. 2)* (ndt)
[2] *(Anu-rakti)*, *rakti* signifiant amour, attraction *(rága, ákarśańa)* [et *anu* : vers].

de l'emprise des sens et organes moteurs ; elle l'établit, par un état de subtile conception, au-delà des sens, dans la Suprême Quiétude transcendantale.

On peut se demander si pour l'être vivant l'adoration est une chose naturelle. Une attraction s'exerce entre toutes choses matérielles ou subtiles dans cet univers. C'est une loi de la nature qui permet de préserver la continuité de la projection mentale divine. C'est pourquoi je soutiens que l'attraction est en toute chose naturelle. C'est l'attraction réciproque des myriades de corps célestes oscillant dans l'espace infini qui maintient l'équilibre du firmament. Chaque planète ou satellite tend à sa préservation. Les êtres humains se regroupent où ils peuvent survivre, là ou il y a de l'eau potable, des fruits comestibles et des terres fertiles. Les abeilles butinent les fleurs en quête de nectar dans le but de préserver leur existence. Chaque entité se dirige là où elle trouve une sécurité plus grande et plus durable. L'être humain court après l'argent parce qu'il croit qu'il lui servira à préserver son existence, que lui seul pourra le sauver. Il ne sait pas qu'il ne peut lui fournir ni stabilité permanente ni abri solide. Même durant la courte période de sa vie, l'argent viendra et repartira plusieurs fois, par moments l'éblouissant et à d'autres le laissant affamé et en pleurs.

Ne parlons pas seulement d'argent : tous les objets finis ont cette caractéristique. Si on les utilise en ne les considérant qu'en tant que fragment, on ne peut qu'atteindre tôt ou tard leur fin. Ce qui n'est pas illimité ne peut ainsi demeurer sans fin l'objet de notre jouissance. Car l'existence de tout objet limité dépend d'autres éléments : elle est limitée par le temps, le lieu et la forme. Un objet limité ne peut donc pas être pour nous un refuge éternel.

En termes philosophiques, on appelle l'attirance pour les objets finis *ásakti* [attachement] et celle pour l'infini *bhakti* [adoration] ; les termes *rága* et *rakti* renvoient quant à eux autant à l'un qu'à l'autre.

> *[L'adoration] est un suprême amour pour Dieu (Ka).*[1]
>
> (Nârada, *Bhakti-Sútram*)

Autrement dit, l'adoration est un amour, un amour pour « Qui ? » : pour Dieu *(Iishvara)*, désigné ici par le mot *Ka*[2] [le « Qui ? »]. (En sanscrit védique, le mot « *Ka* » [le « Qui ? »/l'Inconnu] désigne Dieu.)

> *Ce Dieu ineffable*, cœur universel, *a pour nature le Suprême Amour.*[a][3]

Le psychisme – transformation de l'Esprit sous l'action de la Force créatrice/opératrice – utilise les sens et les organes moteurs pour percevoir et agir. Il est ainsi le sujet temporel de toute action dans ce monde. Ce même psychisme est lui-même l'objet de l'Esprit/l'âme, l'entité témoin/purement connaissante, qui est dans la position de sujet par rapport au psychisme. Quand le psychisme, objet de l'Esprit/l'Âme, se fond en l'Esprit, sujet ultime, la distinction sujet/objet disparaît. C'est là l'état suprême pour le pratiquant spirituel. Mais si l'aspirant se laisse guider par l'ignorance spirituelle[4] *(avidyá)*, autrement dit s'il recherche les plaisirs des objets finis, son énergie mentale extravertie finit par s'assimiler à l'objet grossier, que celui-ci soit dans son imagination ou dans ce monde physique extérieur. Il suffit cependant que la personne extravertie redirige la turbulente passion avec laquelle elle poursuit les objets limités vers le monde intérieur, vers Dieu qui est sa vie, pour qu'elle atteigne à lui et connaisse l'état suprême.

---

[1] *Sá Kasmae parama-prema-rúpá. (v. 2)*
[2] Décliné dans le vers en *Kasmae* (« pour *Ka* »). (ndt)
[3] *Sa Iishvaro 'nirvacaniiyah parama-prema-svarúpah.*
[4] *Avidyá* (« non-connaissance ») désigne (ici) la force qui dirige vers la matière *(avidyá máyá)*. (ndt)

L'adorateur déclame :

Ô Seigneur ! Qu'en pensant à toi, la passion turbulente de l'homme ignorant pour l'objet de sa pensée, devienne un indéfectible Amour pour toi.[a][1] (Viśńu-Puráńa)

Vous comprenez certainement que la véritable adoration ne peut s'adresser à des objets finis, parce qu'on perçoit l'existence d'un objet fini par un état mental extériorisé. Je remarque pourtant douloureusement que de nombreuses personnes confinent leur amour et dévouement à des objets finis. Qu'en ressort-il ? Elles n'atteignent pas l'immanence que confère l'Amour. Elles ne prennent pas conscience que chaque particule de ce vaste univers est une manifestation de l'Imagination divine, la majestueuse expression de Dieu. Elles dépensent des millions pour installer des idoles mais ne se laissent même pas attendrir à la vue des afflictions de l'humanité souffrante et n'hésitent pas le moins du monde à tuer de sang-froid un chevreau innocent soi-disant pour satisfaire la Déesse !

Cet univers est tout entier l'expression de Dieu qui imprègne toute chose. Ceux qui sont perspicaces doivent donc le considérer sans différenciation, comme soi.[2]

(Viśńu-Puráńa)

Le monde est un phénomène changeant, il est donc peu sage de s'attacher à quelque objet que ce soit de ce monde toujours en transformation. Le nom et la forme changent avec le temps et l'endroit. L'enfance devient la jeunesse, la jeunesse se transforme en vieillesse et la vieillesse s'achève dans la mort. Toutefois, si le voyageur sur la voie de la sagesse considère chaque objet de ce monde comme la manifestation de Dieu seul et uni-

---

[1] *Yá priitir avivekináḿ viśayesv anapáyinii,
Tvám anusmaratah sá me hrdayán mápasarpatu. (1,20,19)*
[2] *Vistárah sarva-bhútasya Viśńor vishvam idaḿ jagat,
Draśťavyam átmavat tasmád abhedena vicakśańaeh. (1,17,84)*

que imprégnant tout, il ne ressent ni douleur ni plaisir face aux changements de nom et de forme qui affectent tout objet. L'Entité une imprégnant tout demeurant égale à elle-même, il ne perd rien.

En pratiquant l'adoration, les gens suivent généralement des sentiments qui leur viennent du passé *(samskáras)* parce qu'ils en retirent du plaisir. Se laisser aller à ce potentiel réactionnel ne leur permet cependant pas de se perfectionner dans les purs sentiments universels.

> *Multiples sont les méthodes et types d'adoration, [très chère[1],] chaque personne choisit son culte en fonction de sa propre nature_a.[2]*   (Bhágavata-Puráña)

Les impressions réactionnelles *(samskáras)* sont à la base de nature statique mais, se manifestant en accord avec la nature *(guña)* de l'acte originel, elles peuvent aussi être imprégnées de qualité/tendance *(guña)* active *(rajah)* ou consciente *(sattva)*.

On dit que le pratiquant est statique ou grossier *(támasika)* lorsqu'au lieu de se laisser attirer par l'éclat de la qualité active ou de la qualité consciente, il met sa pratique de l'adoration au service de ses tendances sombres :

> *Le violent, l'orgueilleux ou l'envieux qui courroucé met son affection partiale en moi est un pratiquant grossier.[3]*
>   (Ibidem)

Celui qui sous l'emprise de la violence, de l'orgueil ou de l'envie recherche les plaisirs des possessions terrestres au lieu de

---

[1] Dans ce pouráña (conte mythologique), le divin Kapila s'adresse à Devahûti qui y est sa vertueuse mère. Il lui expose, à sa demande, la science yoguique de la libération spirituelle (dans les chap. 25 à 33 du chant 3). (ndt)

[2] *Bhaktiyogo bahuvidhaer márgaer bhávini bhávyate,*
   Svabháva-guña-márgena pumsám bhávo vibhidyate. (3,29,7)

[3] *Abhisandháya yo himsám dambham mátsaryam eva vá,*
   Samrambhii bhinna-drg bhávo mayi kuryát sa támasah. (3,29,8)

la béatitude suprême est un pratiquant grossier. Parmi ce type de pratiquant, certains n'oublient cependant pas leur Adoré après avoir obtenu ce qu'ils désiraient. C'est pourquoi on peut dire qu'ils avaient des tendances actives et conscientes à l'état latent ; ils n'étaient pas véritablement des pratiquants grossiers.

Ceux qui ont une pratique spirituelle dans le but d'obtenir un objet fini précis sont des aspirants intermédiaires *(rájasika)*. Ce qui les caractérise, c'est de s'efforcer de réaliser leurs buts égoïstes et non de nuire à autrui :

> *Ceux qui adorent Dieu de façon matérielle* – lui rendant un culte rituel de fleurs et de feuilles – *pour obtenir des choses de ce monde, le renom ou le pouvoir* – aspirent en fait à ces choses et non au Seigneur –, *ce sont des pratiquants intermédiaires*$_a$.[1]   *(Bhágavata-Puráńa (ib.))*

On peut considérer que ceux d'entre eux qui n'oublient pas Dieu révèlent par cela des sentiments purs/conscients *(sáttvika)*, bien qu'ils soient des pratiquants intermédiaires.

> *Ceux qui prient le Seigneur pour qu'il détruise leur karma* – qu'il les libère du cycle de l'action et de la réaction – *ou par devoir ou peur du qu'en-dira-t-on, sont* – dans la mesure où ils ne recherchent pas l'état suprême –, *des pratiquants conscients*$_a$.[2]   *(Ibid.)*

On ne peut cependant pas considérer de tels adorateurs, conscients *(sáttvik)*, comme pratiquant un degré supérieur ou suprême de pratique spirituelle, car aucune de ces pratiques n'agit sur les énergies du pratiquant pour les diriger vers l'Adoré, l'Être suprême. Les énergies du pratiquant sont canalisées dans une direction différente, vers un but inférieur.

---

[1] *Viśayán abhisandháya yasha aeshvaryam eva vá,*
Arcádáv arcayed yo mám prthag-bhávah sa rájasah.   *(3, 29, 9)*
[2] *Karma-nirháram uddishya parasmin vá tad-arpańam,*
Yajed yaśtavyam iti vá prthag-bhávah sa sáttvikah.   *(3, 29, 10)*

Ces trois types d'adorateurs, conscient, intermédiaire et grossier pratiquent une adoration inférieure/colorée par les tendances *(gaońii)*.

C'est lorsqu'il n'y a pas d'autre but que Dieu que l'adoration est supérieure/véritable. Là, l'aspirant est libre des trois tendances, il pratique une pure adoration *(nirguńa)*.

On peut catégoriser l'adoration *(bhakti)* de façon générale en fonction du but recherché.

Lorsque le pratiquant n'a pas d'autre objet que Dieu, il se dirige vers Dieu sous la seule poussée de son âme. Si on lui demande pourquoi il aime Dieu et s'y consacre, il répond :

Oh ! Je ne sais pas pourquoi je l'aime, je l'aime simplement parce que j'aime l'aimer. Pourquoi ne l'aimerais-je pas ? Il est la vie de ma vie, l'âme de mon âme.

C'est une adoration pure/libre de toute tendance *(nirguńa)*.

Mais si l'adoration n'est pas toute dirigée vers Dieu et si le but n'est que de paraître devant autrui, on est en présence de l'adoration rituelle : c'est aujourd'hui telle fête religieuse, on manifeste alors une dévotion extérieure en se conformant strictement aux rites et aux usages. On asperge le sol d'eau du Gange après l'avoir lavé de telle ou telle façon, on décore les idoles à la manière des rois ou à celle d'un enfant [selon la fête], on chante les *mantras*, on offre les fleurs puis les feuilles de tel arbre, de telle ou telle façon ; toutes ces dévotions étant pratiquées dans les limites de l'usage extérieur et des rites.

On qualifie d'adoration rituelle la pratique des rites prescrits par les textes religieux de celui qui n'a pas atteint à la passion amoureuse pour Dieu.[1]

(Rúpa Gosvámii[2], *Bhakti-rasámrta-sindhuh*)

Les gens dénués d'Amour de Dieu pratiquent l'adoration selon les prescriptions rituelles, voilà ce que tous les textes sacrés appellent l'adoration rituelle.[3]

(Krśnadás *Kavirája*[4], *Caetanya-Caritámrta*)

Les adorateurs grossiers, intermédiaires et conscients, affectés par les trois tendances, pratiquent ce type d'adoration, rituelle.

Si après avoir atteint son but, l'adorateur conscient n'oublie pas son Adoré, la connaissance suprême se manifeste progressivement en lui. Cet accomplissement est ce qu'on appelle l'adoration mêlée de connaissance et de suprématie *(aeshvarya-jinána–mishrá*[5]*)*. On peut également la considérer comme une adoration non affectée par les tendances *(nirguńa)* mais la vanité latente pour la suprématie ou la connaissance empêche d'atteindre à l'état suprême. Cette adoration est également dite *pradhánii-bhútá bhakti* [« où l'adoration est devenue principale »]. On

---

[1] *Yatra rágánaváptatvát pravrttir upajáyate,*
Shásanenaeva shástrasya sá vaedhii bhaktir ucyate. (1.2.6)
[2] Rúpa Gosvámii fut un disciple du grand saint bengali Chaïtanya (15-16e siècle), apôtre de l'Amour de Dieu, dont il transcrivit l'enseignement dans le *Bhakti-rasámrta-sindhuh* (voir p. 153), ouvrage en sanscrit. Toutes les citations sanscrites suivantes de cet ouvrage sont également citées dans l'ouvrage bengali de Krishna Dás, le *Caetanya-Caritámrta* (voir note ci-dessous). (ndt)
[3] *Rága-hiina jana bhaje shástrer ájináya,*
Vidhi-bhakti bali' táre sarva-shástre gáy. (2,22,109)
[4] Krishna Dás « le roi des poètes » *(kavirája)*, vécut il y a environ 400 ans. Disciple indirect du grand saint Caetanya dont il retrace la vie et l'enseignement dans ce livre, le *Caetanya-Caritámrta*, écrit en vieux bengali avec des parties en sanscrit (citations notamment du *Bhakti-rasámrta-sindhuh* de Rúpa Gosvámii ci-dessus). Voir aussi à « auteurs et ouvrages cités » p. 153. (ndt)
[5] *Aeshvarya-jinána-mishrá bhakti* aussi dite *jinána-mishrá bhakti.* (ndt)

atteint là l'état le plus haut de l'adoration colorée par les tendances.

Si dès le commencement, au lieu de se consacrer à une adoration colorée par les tendances *(saguña)*, le pratiquant respire le parfum d'ambroisie qu'exhale l'adoration libre des tendances *(nirguña)*, il ne se demande pas ce qu'il obtiendra ni ce qu'il veut obtenir de cette adoration. On atteint là le sommet, le point culminant de l'adoration. Arrivé à l'état de conscience de la non-séparation d'avec son objet d'adoration, une seule entité demeure. On parle de ce fait d'adoration pure/absolue *(kevalá)*.

La pure adoration ne s'atteint pas par des ablutions, des exercices ou des austérités, on peut la voir briller au firmament de son cœur *Par la grâce d'un grand saint ou un soupçon de grâce divine$_a$.*[1] (Nárada)

La pure adoration *(kevalá bhakti)* est en tout point supérieure à l'adoration colorée par les tendances *(gaoñii)*. Dans l'adoration inférieure *(gaoñii)*, quelque progrès que fasse le pratiquant, se maintient toujours la distinction entre l'adoré et l'adorateur, entre le fini et l'infini. La science mystique *(shástra)* qualifie cette distinction de conscience de la grandeur *(mahima-jiñána)*. En présence de cette conscience de la grandeur de Dieu, l'adorateur ressent de la crainte à s'immerger en Dieu.

Dans l'adoration absolue *(kevalá)* par contre, il n'y a pas cette conscience de la grandeur et le pratiquant met toute sa ferveur à se rapprocher de son Bien-Aimé, le considérant comme sa vie même, comme son âme même. Il ne se donne pas le loisir de développer une distinction entre son Adoré et lui, entre l'infini et le fini ; il ne se prend pas pour l'adorateur mais pour la personnification même de Dieu *(Ráma)*. Il aime aimer et

---

[1] *Mahat-krpayaeva Bhagavat-krpá-leshád vá. (Bhakti-sútram, 38)*

ne peut demeurer sans aimer ; c'est pourquoi il aime et n'entretient que ce seul sentiment.

> *Quand l'amour devient un état supérieur spontané où l'on est absorbé en son Bien-aimé, cette adoration est dite pur amour (rágátmiká).*[1]
>
> *(Bhakti-rasámrta-sindhuh/*
> *Caetanya-Caritámrta)*
>
> *L'adoration qui est pur amour est précédée par le désir amoureux (rágánuga)ₐ.*[2]   *(Ibidem)*

Celui-ci développe en l'esprit du pratiquant l'adoration qui est pur amour. Parmi les pratiquants de l'adoration qui est pur amour, les dualistes aspirent à s'approcher de Dieu *(Brahma)* et à ressentir sa Présence plutôt que de se fondre en lui, qui est le sommet de l'adoration qui est pur amour. Ils affirment ne pas désirer devenir le « Sucre », car « s'ils se transformaient eux-mêmes en sucre, comment pourraient-ils jouir de sa saveur ? » Ces aspirants dualistes appellent cet état spirituel *gopiibháva* ou *vrajabháva* [(l'état mystique *(bháva)* du *gopii* ou de Vraja »)].

> *Celui qui est dans le nectar du sentiment spirituel du « pratiquant ayant la maîtrise de ses sens » (gopii), oubliant les prescriptions [rituelles] des Écritures, s'absorbe dans l'adoration du Seigneur.*[3]
>
> *(Caetanya-Caritámrta)*

Le sens courant du mot *gopa,* pâtre, ne s'applique pas ici ; le mot *go* désigne ici les organes des sens [et non les vaches]. *Go-*

---

[1] *Iśte svárasikii rágah paramáviśťatá bhavet,*
Tanmayii yá bhaved bhaktih sátra rágátmikoditá.
(Bhakti-rasámrta-sindhuh 1.2. 272, et aussi *Caetanya-Caritámrta 2,22,150)*
[2] *Rágátmikám anusrtá yá sá rágánugocyate.   (1.2.70 / 2.22.154)*
[3] *Sei gopii-mana yár bhávámrte yáy,*
Veda-dharma tyaji' sei Krśnake bhajay. (2,8,220)

pa ou *gopála* est celui qui a la maîtrise de ses sens. *Gopála* signifie aussi « qui procure la félicité »[1].

Cet état d'Amour spirituel dualiste *(vraja-bhàva)* est l'état adjacent à l'adoration absolue. Il diffère de l'adoration mêlée de connaissance car il n'y a ici pas de vanité de sa connaissance ni d'étalage de la gloire divine. On ne peut atteindre cet état d'Amour spirituel par l'adoration rituelle :

> *Dans ce monde, tous m'adorent au moyen de rites,*
> *mais l'adoration rituelle ne peut conduire l'adorateur au*
> *sentiment amoureux pour Dieu (vraja-bháva).*[2]
>
> (Caetanya-Caritámrta)

Dans l'*Ánanda Márga*[3], il n'y a pas la moindre place pour l'adoration rituelle ou mêlée de connaissance. Les aspirants pratiquent l'adoration qui est pur amour *(rágátmiká bhakti)* mais leur chemin ne s'arrête pas dans l'état d'Amour spirituel dualiste *(vrajabháva)*. Quoi qu'il puisse y avoir d'autre dans l'état dualiste, il ne respecte en rien le souhait divin exprimé par l'évolution, la phase d'attraction du cycle de la création. Pourquoi l'être humain ne profiterait-il pas de l'occasion que lui offre Dieu dans sa Grâce ? Pourquoi n'immergerait-il pas son sentiment de je dans l'immortalité divine ? Car il faut comprendre que si l'on jouit de la félicité de l'accomplissement spirituel en tant qu'existence séparée, il reste nécessaire de diriger le psychisme individuel ainsi que les sens et les organes moteurs ; or, dès que le psychisme est associé aux sens, une déchéance est toujours possible. C'est pourquoi les aspirants de la Voie de la Béatitude

---

[1] *Gopii*, nominatif de *gopin*. La légende de Krishna associe cependant les *gopiis* aux jeunes vachères *(gopii)* de Vraja, la région rurale d'enfance de Krishna, *gopiis* vues comme les ferventes adoratrices de Krishna. (ndt)

[2] *Sakala jagate more kare vidhi-bhakti*
Vidhibhaktye vrajabháva páite náhi shakti. (1,3,15)

[3] L'école de yoga et de philosophie de l'auteur, littéralement « le chemin vers la Béatitude divine ». (ndt)

éternelle *(Ánanda Márga)* ne veulent pas demeurer dans le sentiment amoureux dualiste *(gopii-bháva)*.

Lorsqu'on parle d'adoration, d'Amour de Dieu *(bhakti)*, on se doit aussi de parler de ce qu'est la pensée constante/l'idée de Dieu *(bháva)*.

L'état de bháva [parallélisme psycho-spirituel] purifie et éveille mentalement, illumine tout du soleil de l'Amour et fait apparaître un puissant amour ou attraction pour Dieu. L'on atteint alors à la douceur du cœur.[a][1]

(Bhakti-rasámrta-sindhuh[2])

Par suite de cet état inspiré *(bháva)*, l'être humain dirige ses tendances naturelles vers l'Adoré. Celui-ci n'est toutefois pas en dehors de lui. Il est la vie de sa vie, le cœur de son cœur, son objet d'adoration, aussi cher, pour lui, que la vie. Lorsque ce sentiment d'adoration éveille l'introversion de ses propensions, il s'absorbe dans cet état de méditation *(bháva)*, atteignant l'accomplissement de soi. Ce mouvement d'introversion est habité par ce que la philosophie vichnouïte qualifie de puissance d'allégresse *(hládinii shakti)* car ce chemin est tout entier imprégné d'une omniprésente amoureuse douceur.

Si la peur est présente ou si le pratiquant a des penchants grossiers, il ne peut y avoir un pur amour, une pure adoration. L'adoration exprimée sous l'emprise de la crainte n'en est pas une, ce n'est qu'un triste état mental grossier.

Certains, par peur de l'enfer ou des souffrances et châtiments de la vie suivante, prient ardemment Dieu selon certaines règles scripturaires dans l'espoir d'être libéré de cela. Cela trahit leur manque de connaissance de la vérité. N'encouragez pas ces sentiments d'infériorité. Ceux qui acceptent ou reconnaissent

---

[1] *Shuddha-sattva-visheśád vá [visheśátmá] prema-súryámshu-sámyabhák, Rucibhish citta-másrńya-krd asao bháva ucyate.* (voir aussi p. 125)

[2] *(1.3.1)*, de Rúpa Gosvámii ; et aussi Krishna Dâs, *Caetanya-Caritámrtam 2-23,5.* (ndt)

Dieu comme leur soi/leur véritable nature n'ont pas de raison d'avoir peur de lui. L'Amour spirituel *(prema)* est un mouvement sans peur vers Dieu.

> *Les sages nomment Amour vrai (prema) ce suprême état du cœur qui éveille un sentiment d'affection pour tous les êtres et donne la douceur du cœur.[a][1]*

> (*Bhakti-rasámrta-sindhu*[2])

On ne peut éprouver ce sentiment pour quelque chose de limité, de fini.

> *Le désir vise la satisfaction personnelle,*
> *L'Amour vrai la satisfaction divine,*
> *Le seul objet du désir est son propre plaisir,*
> *L'Amour vrai, l'intense désir du Bonheur de Dieu.[3]*

> (Krśnadása Kavirája, *Caetanya-caritámrta*)

L'Amour vrai/spirituel *(prema)* et le désir temporel *(káma)* sont antagonistes. L'amour pour l'infini est l'expression d'une propension introvertie, l'amour pour les objets finis, celle d'une propension extravertie. C'est pourquoi les deux ne peuvent coexister. L'aspirant doit donc habilement transmuer le désir temporel en Amour spirituel : aimez-vous votre enfant ? N'aimez pas *votre* enfant mais la manifestation de Dieu ayant la forme de votre enfant. Si vous aimez votre enfant en tant que votre enfant, vous ne pouvez pas aimer Dieu : quand il y a le sentiment « mon » enfant, il n'y a pas le Seigneur, et quand il y

---

[1] *Samyaun-masrńita-svánto mamatvátishayáuṇkitah,*
 Bhávah sa eva sándrátmá budhaeh premá nigadyate. (1,4,1)
[2] Ce verset, également repris dans le *Caetanya-Caritámrta (2,23,7)*, est traduit à nouveau p. 128. (ndt)
[3] *Átmendriya-priiti-icchá táre bali 'káma', Krśńendriya-priiti-icchá dhare 'prema' náma. Kámera tátparya nija-sambhoga kevala, Krshna-sukha-váiṇcha haya premete prabala. (1,4,165-6)*

a le Seigneur, il n'y a pas « votre » enfant. Lorsque « vous » existez, Il n'existe pas et quand Il existe, vous n'existez plus.

Là où il y a le désir/l'attrait de la matérialité, Dieu n'est pas, là où il y a Dieu, il n'y a pas l'attrait de la matérialité. Les deux ne peuvent cohabiter, personne ne peut réunir le soleil et la nuit en un même lieu ![1]

(Tulsîdâs)

Il y a huit types d'adoration : deux adorations grossières, deux adorations intermédiaires, deux conscientes[2], l'adoration mêlée de connaissance et l'adoration absolue. Nous avons déjà vu que parmi ces huit types d'adoration, l'absolue est la meilleure. L'adoration est, quelle qu'en soit le type, mieux que pas d'adoration du tout car le flot mental de la personne est ainsi canalisé.

Si même une personne hors caste pratique bigotement l'un de ces huit types d'adoration, qu'on le considère comme le meilleur des brâhmanes, un sage, un éminent moine ou un pandit.ₐ[3]   (cf. *Garuḍa Puráńa[4],*
Caetanya-Caritámrta)

Même le pire des hors-castes devient le meilleur des brâhmanes s'il s'engage complètement dans l'adoration du Seigneur, mais dénué d'adoration, même un haut brâhmane devient le plus bas des hors-castes.[5]

---

[1] *Jáháṇ kám táháṇ náhi Rám, Jáháṇ Rám táháṇ náhi Kám !*
Do nay ekatra, náhi mile ravi rajanii ek thám.

[2] Adorations rituelles, de deux sortes selon que l'amour de Dieu est présent, selon qu'il est né ou non (*Caetanya-Caritámrta 2,24,288).* (ndt)

[3] *Aṣtá-vidhá hy eṣá bhaktir yasmin mlecche 'pi vartate,*
Sa viprendro munih shriimán sa yatih sa ca paṇḍitah.

[4] *(1.227,9), Shiva Puráńa (7.2.10)* et cité dans le *Caetanya-Caritámrta* (sous *3,16,29)* de Krishna Dâs et le *Ṣaṭ(Bhakti)-Sandarbha* de Jiiva Goswami.

[5] *Cańḍálo 'pi dvija-shreṣtho Hari-bhakti-paráyańah, Haribhakti-vihiinash ca vipro 'pi shvapacádhamah.*   (Cf. *Nárada-Puráńa 1,37.12)*

Même un tanneur se sanctifie en adorant Dieu, tandis que le vertueux devient impie s'il oublie Dieu.[1]

Tout le monde peut pratiquer l'adoration, elle ne requiert qu'une seule condition : la forme humaine.

Celui au statut social critiquable y a droit.[2]

> (*Bhakti-Sútra* de Sháńdilya)

Concernant l'aspect social, tous ceux qui ne jouissent pas du droit de caste, ceux-là même y ont droit.

Le grand Nârada a dit :

[Les adorateurs] ne font entre eux de distinction ni de caste, ni de savoir, ni d'apparence, ni de famille, ni de statut professionnel, ni de quoi que ce soit.[3]

> (*Bhakti-Sútra* de Nárada)

Le plus haut accomplissement auquel mène l'adoration est l'accomplissement spirituel. Les pratiquants de l'adoration rituelle sont toutefois plus attirés par le charme *(rasa)* des objets que par le charme divin. Le pratiquant de l'adoration rituelle est comme un enfant en pleurs que sa mère distrait en lui offrant un jouet. Or si l'enfant jette le jouet, la mère est bien obligée de se libérer de ses autres tâches pour embrasser son enfant ! Les pratiquants de l'adoration absolue/pure *(kevala)* sont astucieux comme ce dernier enfant.

Il y a trois types d'adorateurs :

Celui versé dans la doctrine, expérimenté dans la pratique spirituelle et toujours constant mentalement est l'adorateur supérieur.[a][4]

---

[1] *Muci haye' shuci hay yadi Hari bhaje,*
Shuci haye' muci hay yadi Hari tyaje.
[2] *Ánindya-yony adhikriyate... (78 (ou 2,2,23))*
[3] *Násti teśu játi-vidyá-rupa-kula-kriyádi bhedah. (72)*
[4] *Shástre yuktao ca nipuńah sarvathá drďha-nishcayah,*

Celui qui a de la vénération mais pas de connaissance des Écritures est d'un type intermédiaire.[a][1]

Celui qui n'a ni connaissance ni ferveur est l'adorateur inférieur.[a][2]   *(Bhakti-rasámrta-sindhuh*[3]*)*

Seul l'adorateur de type supérieur peut parvenir à l'adoration passionnée ou absolue *(rágamishrá* ou *kevalá bhakti)*, et atteindre ainsi au plein épanouissement de son âme. C'est pourquoi dans les Traités/la doctrine *(shástra)*, on désigne la voie de l'adoration absolue *(nirguńa)* comme la voie du développement *(puśti márga)*, tandis qu'on parle des limites des autres voies.

Plus le pratiquant de la pure adoration progresse vers son Bien-aimé *(iśťa)*, plus il s'oublie [en lui] et acquiert ses divines qualités :

De constamment s'absorber dans la pensée de Mâdhava [(Krishna)], Râdhâ en vient à se voir comme Mâdhava[a]*.*[4]
(Vidyâpati)

Le pratiquant de la pure adoration ne voit que Dieu. Pour lui, l'univers tout entier n'est rien d'autre que Dieu et toute activité est pratique spirituelle, sinon c'est sans valeur et inexistant :

Il y a le nombre un qui est le nom de Dieu et toutes
les pratiques individuelles qui sont les zéros ;
l'influence de ce « un » ne transforme-t-il pas
l'insignifiant en dix ?[5]   (Tulsîdâs, *Dohávalii*)

C'est pourquoi, ô disciple ! remémore-toi le nom du Seigneur ou tous tes efforts seront réduits à néant. En toute circonstance et parmi toutes tes activités, accroche-toi fermement à son

---

Praodha-shraddho 'dhikárii yah sa bhakta uttamo matah. (v. 17)
[1] *Yah shástrádisv anipuńah shraddháván sa tu madhyamah. (v. 18)*
[2] *Yo bhavet komala-shraddhah sa kanistho nigadyate. (v. 19)*
[3] *(1,2,17-19)* et aussi *Caetanya-Caritámrta (2-22-66,68 et 70)*. (ndt)
[4] *Mádhava Mádhava anukhána souńari, Sundarii Mádhava bheli.*
[5] *Rám nám ek [Nám Rám ko* (en awadhi)*] auńka hae, sab sádhana hae shún, Auńk binu kacchu hát, nehi auńk rahe das guń. (10)*

Nom. Ton enfance est faite *(dharma)* pour l'étude et la pratique spirituelle, ta jeunesse pour gagner ta vie et pratiquer la spiritualité, et ta vieillesse, quand tu deviens incapable de la moindre activité physique, pour la seule pratique spirituelle.

Prahlâda disait :

*Le sage a une pratique spirituelle dès la tendre enfance
car la vie humaine est rare [et éphémère]$_a$[1].*

(Bhágavata Puráńa)

plus rare encore purifiée par l'effort spirituel.

Dieu est le Bien-aimé des véritables adorateurs et c'est pourquoi chaque réalité, chaque chose en rapport avec lui leur est cher.

Tu es associé au nom même par lequel je t'adore, ô Seigneur ![2]

(Narottamdâs Țhákur)

Le vrai adorateur aime ce monde, la société et tout ce qui l'entoure, car il voit chacune des diverses manifestations du jeu divin de la Force opératrice comme inséparablement unie au Nectar imprégnant tout de l'Esprit. Il aime le fini en tant que partie de l'Universel. Il jouit du charme des objets de ce monde en tant que la manifestation locale, temporelle et individuelle du Charme/Nectar divin. Il maintient son substrat mental absorbé dans le courant éternel de la Suprême Essence. C'est cet adorateur qui jouit réellement du monde et l'objet de sa jouissance est Dieu éternel.

Les Védas disent :

Dieu est nectar (Raso vae Sah).

(Taettiriiya Upaniśad 2,7)

---

[1] *Kaomára ácaret prájiņo dharmán bhágavatán iha,
Durlabham mánuśaṁ janma tad apy adhruvam arthadam. (7,6,1)*
[2] *Yei nám sei Krśńa, bhaj niśțhá kari, Námer sahit áchen ápani shrii Hari.*

C'est le connaisseur du Nectar suprême qui connaît l'ivresse. Si l'on ramène le Transcendant Nectar divin à son petit intérêt personnel, il tourne au poison, mais si on l'embrasse avec une vision universelle, on obtient l'ambroisie. Jouir de l'Éternel/ ce nectar divin, voilà la véritable ivresse.

Le poète Cańdiidâsa disait :

On parle de ceux qui ont bu le nectar [de Dieu][1], mais en existe-t-il un seul ? En cherchant bien oui, peut-être un parmi des millions. Car dans notre attachement à ce monde, nous y tournoyons jusqu'à disparaître consumés par le feu du désir, comme l'insecte attiré par le flamboiement de la lampe tournoie vers elle captivé jusqu'à en mourir, les ailes consumées par la flamme. Celui qui jouit de Dieu, lui, évitant le poison[2], boit le nectar.[3]

Que ceux qui se consacrent à l'Amour spirituel s'abandonnent complètement à leur Adoré. Tout ce qui est temporel se manifeste en soi, de ce fait, quand on s'abandonne à Dieu, on lui abandonne par là même tout.

Seigneur, l'Univers est ta demeure et la Force opératrice ton épouse, tu ne manques de rien. Que puis-je alors t'offrir, Ô Source universelle ? Ah ! je me rappelle

---

[1] C'est-à-dire, qui ont atteint à l'immortalité. (ndt)

[2] Le poison du désir temporel, opposé au nectar divin, donnant l'immortalité. (ndt)

[3] *Rasika rasika kahaye sakale rasika kehai nay, Bháviyá gańiyá bujhiyá dekhile końite gońika hay, Yemati diipiká ujare adhiká bhitare anal shikhá, Pataunga ásiyá pańaye ghuriyá puńiyá maraye pákhá, Jagat juńiyá temati ghuriyá kámánale puńi' mare, Rasa-jina ye jan se karaye pán viśa chári amrtere.*

*que tes adorateurs ont dérobé ton cœur. Ô Seigneur !
prends le mien, daigne m'honorer en l'acceptant.*[a][1]

Grand rassemblement spirituel *(DMC)*
Bhâgalpur, pleine lune du 4 juillet *(áśádha)*, 1955

---

[1] *Ratnákaras tava grham grhiñii ca Padmá, deyam kim api bhavate Puruśottamáya, Ábhiira-vámanayanápahrta-mánasáya, Dattam mano Yadupate tvam idam grháña.*

8. La pratique spirituelle
(sádhaná)

La connaissance spirituelle *(paramárthá)* est ce qui délivre des afflictions de ce monde et la pratique spirituelle est l'effort pour l'atteindre. L'âme *(átman)* libre de tout objet, et donc de toute affliction, est l'Esprit/Dieu *(Paramátman)*. Tant que le pratiquant entretient des sentiments dualistes, il est commode de dire, dans ses termes, que la pratique spirituelle est ce qui unifie l'âme à Dieu.

L'âme et Dieu sont-ils deux entités séparées ? Non, certainement pas. Tant que l'âme vivante est liée à des élans réactionnels *(samskáras)*, elle se déplace dans les ondes mentales divines, sujette aux transformations de la naissance et de la mort. Elle ne connaît pas la béatitude de sa forme originale. Mais dès qu'elle élimine tous ses élans réactionnels par la pratique spirituelle, grâce aux efforts du psychisme individuel résidant, elle devient l'Esprit infini *(Paramátman)*. Il n'y a donc entre eux pas d'autre différence que celle relative aux élans réactionnels.

> *Deux beaux oiseaux de la même espèce se tiennent ensemble perchés sur un arbre. L'un d'eux goûte les savoureux fruits de l'arbre tandis que l'autre l'observe.[a][1]*
>
> *(Védas et Upanishads[2])*

---

[1] *Dvá suparñá sayujá sakháyá samánaṁ vrkśaṁ pari śasvajáte,*
Tayor anyah pippalaṁ svádv atty anashnann anyo 'bhi cákashiiti.
[2] *Rg-veda (1,164,20)* et aussi *Atharva-veda (9,9(14),20)*. Repris dans les Oupanishads *Shwetáshwatara (4,6)* et *Muṅdaka (3,1,1)*. (ndt)

C'est une belle image védique. L'oiseau goûtant les fruits représente l'âme/l'être individuel et celui qui ne fait qu'observer représente l'Esprit/Dieu. La signification sous-jacente est que l'être individuel est celui qui profite de tous les fruits et que Dieu/l'Esprit est l'entité témoin de toutes les actions et réactions dans ce monde. L'être individuel est subordonné à la Force opératrice *(Prakrti)*, soumis à la Force créatrice *(Máyá)*, tandis que l'Esprit, quelle que soit la forme sous laquelle il se manifeste, en est le maître.

Dieu *(Paramátman)* est la seule véritable réalité *(sadvastu)*. Cette Réalité/Vérité éternelle *(Satya[1])* est inaltérable/immuable. Tout objet fini change sous l'effet du temps, du lieu et de l'individu, autrement dit est soumis à la transformation. Alors que la Vérité absolue *(Satya)*, elle, ne change pas en fonction du moment, de l'endroit et de la personne. Les coutumes et les rites varient selon les climats. Soumis aux changements de climat, aucun d'entre eux ne peut prétendre être une vérité absolue. Nous pouvons croire en un évènement qui nous paraisse absolument authentique et apprendre le lendemain que l'affaire était tout à fait fausse. On voit donc que ce qui paraissait vrai aux individus du passé peut ne plus l'être dans le présent et que ce qui semblait n'être pas réel dans le passé peut acquérir une réalité dans le présent. C'est pour cela que l'on peut dire qu'aucune de ces réalités temporelles ne sont des vérités permanentes. Un fruit réputé doux dans une région donnée va se révéler acide dans une autre à cause du changement de terroir. Le même objet qui apparaît blanc aux gens en général va paraître jaune à celui qui a la jaunisse. Aucun des objets de ce monde changeant ne peut être une réalité permanente, dépendants qu'ils sont du moment, du lieu et de l'individu. Dieu seul *(Brahma)* est la Véri-

---

[1] *Sat* et *Satya* sont synonymes [ceci renvoie au *sat* de *sadvastu* (= *sat* + *vastu* : l'objet *(vastu)* véritable *(sat)*].

té/Réalité éternelle, au-delà du champ d'action de la Force opératrice *(Prakrti)*, c'est-à-dire au-delà du psychisme. Il est sans aucun doute au-delà des servitudes du temps, du lieu et de l'individualité.

Toutes les choses de cet univers manifesté, que nous pensons réelles au premier coup d'œil, sont en fait des réalités relatives. Elles se distinguent de leurs semblables, d'autres objets de nature différente et comportent aussi des différences dans leur propre corps. Ce sont toutes ces différences qui nous permettent d'identifier ces objets les uns par rapport aux autres. Un arbre, par exemple, se différencie des maisons, des collines, des rivières, etc. qui l'entourent. Cet arbre peut être, selon ses caractéristiques, un manguier, un jacquier, un palmier, etc. Si c'est un manguier, ce peut être un *langra*, un *bambai*, etc. Sur un arbre donné, les différences se manifestent sur son propre corps : entre le tronc, les branches, les feuilles, etc. Mais Dieu *(Paramátman)* est sans division, il est au-delà de ces trois types de différences.

Ce monde exprimé est la manifestation mentale de Dieu *(Brahma)*. Dieu est une réalité sans égale qui pénètre tout. Les Écritures védiques *(Shruti)* disent :

> *Ce monde, qui est Dieu, est né, est absorbé et respire en*
> *lui.[1]*   *(Chándogya Upanishad)*

Tout est Dieu, toute chose dans cet univers a été créée en lui, se maintient en lui puis est absorbée en lui.

Le Tantra affirme de même :

> *Celui dont tout a émané, par qui tout se maintient et en*
> *qui tout se dissout : telles sont les caractéristiques de*
> *Dieu.[2]*   *(Mahánirvána Tantra)*

---

[1] *Sarvaṁ khalv idaṁ Brahma tajjalán. (3,14.1) [(Taj-ja-lán (lá + an)) (ndt)]*
[2] *Yato vishvaṁ samudbhútaṁ, yena játaiṇ ca tiśthati,*
Yasmin sarváṅi liiyante, jiṇeyaṁ tad Brahma lakśaṅaeh.   (III, 9)

Le terme *Brahma* (Dieu) signifie grand/immense. Il ne suffit pas de dire Dieu grand, car il est aussi celui qui peut rendre autrui grand. Que l'être humain qui s'absorbe mentalement en lui puisse l'atteindre, atteindre à son Immensité, n'est que l'effet de sa Grâce.

> *« Brahma » vient d'« immensité », « Brahma » vient de « qui rend immense ».[1]*

※ ※

> *Quand on ne voit rien de différent, qu'on n'entend rien de différent, qu'on ne perçoit rien de différent [de Dieu], on atteint Dieu dans son immensité[2].[3]*
>
> (Chándogya Upanishad)

Celui qui a atteint cet état ne voit, n'entend, ou ne sent pas « les choses », il a atteint l'état divin. L'être humain ordinaire ne connaît pas cet état car ses sens restent absorbés par l'éclat temporel des divers objets de ce monde. Pour se libérer des objets, il lui faut suivre une certaine méthode. Tant que l'objet demeure, le sentiment divin, de l'Absolu, n'est pas là. Chaque être humain doit travailler à se libérer du sentiment d'objet ; c'est cet effort que l'on nomme pratique spirituelle *(sádhaná).*

L'être humain est plus conscient que toutes les autres créatures, mais il est plus pris par l'illusion de ce monde. Grâce à ses facultés intellectuelles, il invente de nouvelles choses lui procurant de la satisfaction, mais chaque nouvelle chose occupe son esprit/sa pensée. C'est seulement lorsque ces produits de sa pensée s'avèrent un obstacle à l'accomplissement de son bonheur qu'il fait des efforts pour accéder à la véritable connais-

---

[1] *Brhattvád Brahma Brmhañatvád Brahma.* [Cf. commentaire *(paiṇcártha-bhásya)* 6 du *Páshupata sútra 5,43* par Kauṅdinya.]
[2] Dieu qui est toute chose. (ndt)
[3] *Yatra nányat pashyati nányac chrñoti, Nányad vijánáti sa Bhúmá. (7,24,1)*

sance, qui ne change pas. Au cours de sa quête, il trouve Dieu à l'origine de toute chose et se prépare à le connaître. Telle est la pratique spirituelle.

La *Katha Upaniśad* nous dit :

Celui qui n'a pas renoncé à sa mauvaise conduite, qui est soumis à ses passions, qui s'éparpille, n'a pas l'esprit calme. Il ne peut atteindre à Dieu par la science spiri-tuelle.[1]

Autrement dit, tant que l'être humain ne s'apaise pas menta-lement en se détachant de l'accomplissement de ses désirs, se purifiant ainsi intérieurement, il aura beau se consacrer à l'étude, il ne connaîtra pas Dieu.

Tout ce que je dis a une cause qui est mon psychisme *(citta)*. Celui-ci convertit ma pensée en action à l'aide de mes organes moteurs. Autrement dit, mes sens et ma motricité agissent sous la direction de ma pensée/mon psychisme. Quand celui-ci ne veut pas agir, les sens et organes moteurs restent inactifs. Les Écritures *(Shástras)* disent :

La pensée est la source à la fois de l'asservissement et de la libération de l'être humain.[2]

La pensée est ainsi derrière toutes nos activités, que nous la dirigions vers les objets de ce monde ou vers Dieu. Sans pensée, aucune action n'est possible. Ses possibilités sont infinies et la pratique spirituelle consiste à agir sur ces possibilités.

Bien que la pensée soit très puissante, elle a un défaut : on ne peut penser à deux choses en même temps. La pensée ne peut avoir qu'un objet à la fois. La rapidité de son fonctionnement

---

[1] *Návirato dush-caritán náshánto násamáhitah, Náshánta-mánaso vápi, prajñánenaenam ápnuyát. (2,24 ou 1,2,24 selon l'édition)*
[2] *Mana eva manuśyáńáḿ kárańaḿ bandha-mokśayoh.* [(Oupanishads *Brahmabindu* ou *Amrtabindu*, v. 2 (associées à l'*Atharva-véda*))].

nous déroute pourtant : même occupé à autre chose, nous entendons autrui nous parler. À cause de cette rapidité d'action de notre faculté mentale, nous considérons notre pensée comme ininterrompue. C'est ainsi que lorsque nous regardons un film, nous en apprécions également les dialogues.

On peut comprendre le fonctionnement psychique en y réfléchissant soigneusement. On s'aperçoit qu'on ne peut faire psychiquement qu'une seule chose à la fois. C'est pourquoi on ne peut simultanément agir de façon matérialiste et méditer sur l'Absolu *(Brahma)*. Il est impossible pour l'être humain d'être d'un côté entièrement plongé dans la passion, la colère, l'avidité, etc. et de l'autre d'adorer Dieu. L'adoration spirituelle réclame un psychisme sanctifié.

Par la purification mentale nous ne visons pas l'indifférence aux choses de ce monde. Vivant sur cette terre, nous ne pouvons être indifférents à ce monde. Nous voulons sans aucun doute agir, mais sans attachement. Beaucoup de gens se demandent s'il ne faut pas préférer l'inaction, puisque les actions, bonnes ou mauvaises, enchaînent également. Non, et ce n'est de toute façon pas faisable : tant que nous préservons ce corps, nous ne pouvons nous défaire de l'action. Nous devons agir que nous le voulions ou non, nous devons poursuivre jusqu'à la mort [les processus vitaux comme] la respiration.

Si l'on suit les principes de l'éthique yoguique[1] *(yama niyama)*, l'on ne développe pas d'attachement pour les choses de ce monde car ces principes poursuivent la pratique spirituelle/la recherche de Dieu au cœur même de l'action dans le monde. Quand vous mettrez parfaitement en œuvre ces principes moraux et spirituels yoguiques, vous vous absorberez mentalement en Dieu, but de cette pratique.

---

[1] Présentés en annexe, p. 142.

Prenons une personne extrêmement occupée à gagner de l'argent. Plus rien ne compte pour elle dans ce monde, excepté l'argent. Il en est de même pour l'aspirant spirituel qui s'absorbe dans la pratique des principes spirituels cardinaux *(yama-niyama)* et se consacre à atteindre l'Absolu *(Brahma)*. Pour lui plus rien ne compte que Dieu. La vie d'une personne se vouant à gagner de l'argent devient tel un désert parce que tout ce qui n'est pas l'argent lui devient étranger, mais à un pratiquant spirituel rien n'est étranger car Dieu est toute chose.

Selon la croyance populaire, on ne peut réellement pratiquer la spiritualité sans se couper de son foyer, de sa famille, mais c'est faux ! Combien un pratiquant peut-il consacrer à Dieu s'il ne peut même pas subvenir aux besoins de quatre ou cinq membres de sa famille ? L'être humain est associé à sa famille dès sa naissance. Chaque famille doit faire face à un problème ou à un autre. Si au lieu de résoudre ces problèmes, on quitte son foyer pour vivre dans la solitude, quittera-t-on également ces problèmes en pensée ? De plus, même dans la solitude il faut penser à s'habiller et à se nourrir. La pratique spirituelle ne peut se faire qu'à l'aide de ce corps physique et ne réclame pas que l'on crée une situation anormale en abandonnant son foyer. L'on peut pratiquer la spiritualité par une discipline personnelle, dans la situation même où l'on est placé. La seule chose nécessaire à la pratique spirituelle est un ardent désir pour elle.

Que je m'élève, tout en demeurant dans les situations normales, au point de devenir surhumain. Le développement de facultés surhumaines va me donner les moyens d'éveiller l'élément d'humanité éternelle en moi. Cette humanité éternelle, c'est Dieu. Pour acquérir ces facultés, il faut absolument fuir la mesquinerie car la pratique spirituelle vise l'état divin/universel/immense, les sentiments de discrimination y sont ainsi un grand obstacle. Le sentiment qu'Untel est un musulman, un autre un hindou, celui-ci un intellectuel *(bráhmaṇa)* et celui-là un commerçant *(vaeshya)* est l'expression de pensées mesquines. Alors que chaque être vivant est une manifestation divine, pensez-vous pouvoir arriver à la connaissance spirituelle sans vous débarrasser de ces sentiments discriminatoires ? Il n'y a ni personnes insignifiantes ni personnes plus importantes que tous. Bien sûr, selon ses vertus ou ses vices on est heureux ou malheureux, riche ou pauvre, sot ou érudit. Mais tous sont des êtres humains. Les sentiments de discrimination sont le principal obstacle sur la voie spirituelle. On ne peut atteindre à une position élevée sans s'en débarrasser.

Une histoire du *Mahâbhârata* raconte que Yudhiśthira et Duryodhana avaient tous les deux invité le Seigneur Kriśńa à dîner dans leurs maisons respectives. Alors que Kriśńa était en chemin pour s'y rendre, il entra chez Vidura, un sage réputé. Vidura n'était pas chez lui à ce moment-là. Devant l'apparition soudaine de Kriśńa, la femme de Vidura se mit à trembler car elle et son mari étaient très pauvres et elle se demandait comment faire honneur au Seigneur. Il n'y avait rien d'autre dans la maison que des bananes, aussi, après lui avoir lavé les pieds, elle le fit asseoir, se mit à peler des bananes et lui servit à manger tout en s'enquérant de son bien-être. Sur ces entrefaites, Vidura rentra à la maison. Il vit le Seigneur Kriśńa assis et sa femme, pleine de piété, lui servant des peaux de banane au lieu des bananes elles-mêmes !

Le Seigneur lui-même semblait manger avec tellement de plaisir que l'on aurait dit qu'il n'avait jamais mangé de nourriture plus délicieuse. Vidura, peiné de voir la bêtise de sa femme, s'exclama :

– Que fais-tu ? tu fais manger au Seigneur des peaux de bananes au lieu de bananes !

Décontenancée, la femme de Vidura se mit à s'excuser de sa faute ; Vidura implora également :

– Ô Seigneur ! tu as mangé pas mal de peaux de banane, daigne obliger ma pauvre femme en prenant quelques bananes.

– Vidura ! mon estomac est plein maintenant. Ces peaux de banane avaient un parfum si délicieux qu'il serait difficile de trouver un aliment qui leur soit supérieur. Tant que ta femme, oubliant toute différence, me donnait à manger, j'étais là, mais maintenant qu'est intervenue une différence entre la banane et sa peau, je n'y suis plus, lui répondit le Seigneur.

C'est une petite histoire mais très instructive : auprès du Seigneur toute différence s'évanouit.

Le bienheureux Shankara était un grand érudit. Il avait renversé le bouddhisme et fait revivre la religion brâhmanique, mais ses principes et ses pratiques n'étaient pas totalement en harmonie. Un jour, après son bain dans le Gange à Bénarès *(Káshi)*, il revenait vers la route et vit un intouchable se promenant avec quelques chiens. De peur de se faire toucher, il s'efforça de les éviter. Remarquant cela, l'intouchable dit à Shankara : « Monseigneur ! Est-ce le résultat du principe « Dieu seul existe et rien d'autre[1] » ? On vous dit accompli en Dieu, pourtant, même considérer un intouchable comme vil est l'expression d'un sentiment discriminatoire ! »

Dieu réside dans notre sentiment d'existence, caché au plus profond de nous. Nous existons en lui. Il est présent dans le rayonnement du soleil, c'est lui qui nous permet de percevoir le monde. Après avoir créé notre je et répandu d'innombrables

---

[1] Principe de base de la philosophie que prônait Shankarâchârya. (ndt)

« jouets » autour de nous, il s'est caché en eux. Lorsque vous en viendrez à le voir dans tout ce qu'il a créé, votre sentiment de je s'effacera, s'unifiant au Je universel.

Certains disent que les femmes et les prolétaires *(shúdras)* ne doivent pas étudier les textes sacrés *(Védas)* ni acquérir le savoir spirituel. C'est aussi une discrimination, et qui sonne mal en Inde car les auteurs des versets védiques comptent parmi eux des femmes. De plus ce fut Veda Vyâsa, né dans une famille de pêcheurs, qui divisa les Védas en quatre parties : *Rk, Yajuh, Sáma* et *Atharva.* C'est pourquoi l'idée que les femmes et les prolétaires ne doivent pas lire les textes sacrés est vraiment fallacieuse. Tout sentiment discriminatoire est indésirable dans le cœur du pratiquant. Le tantra *Ájñána-Bodhinii* dit :

> *L'orgueil de sa caste ou de son statut social rend l'être humain esclave des Écritures. Celui qui s'est libéré de la caste et du statut social seul est au-dessus des Écritures.*[1]

La nature de Dieu est l'indifférenciation, il est un. Personne n'est bon, personne n'est mauvais aux yeux du Seigneur. Comme une mère aime et s'intéresse autant à tous ses enfants qu'ils soient bons ou mauvais, Dieu répand sa grâce sur tous également.

Le psychisme est limité, mais son champ d'action est vaste. Le bonheur et le malheur sont des créations psychiques. L'aspirant effectue sa pratique spirituelle avec son psychisme/sa pensée. En immergeant/dissolvant sa pensée en Dieu *(Brahma)* il atteint à cette demeure éternelle au-delà du bonheur et du malheur [qu'est Dieu]. Tandis qu'il voit Dieu en toute chose, peut-il entretenir le moindre sentiment de discrimination ?

---

[1] *Varńáshramábhimánena shruti-dásye bhaven narah,*
Varńáshrama-vihiinash ca vartate shruti-múrdhani.

Yâjñavalkya[1] enseignait à Maetreyii :

Ce n'est qu'en l'Esprit (Átman) qu'on trouve la béatitude. Ce qu'il faut c'est écouter, penser et méditer sur l'Esprit. Si tu médites profondément sur cette Conscience éternelle, elle se révèlera à toi. Il n'y a rien que celui qui connaît l'Esprit ne connaisse.[a1]

La *Muńḍaka Upaniśad* nous dit :

Quand Dieu, cause de toutes les causes, se révèle à soi, tous les nœuds du cœur se dénouent, tous les doutes sont chassés et les actions passées effacées.[a2]

L'être humain désire connaître le bonheur et éviter les problèmes. Sa nature est de chercher le bonheur et ce désir sous-tend tout ce qu'il fait. Les plaisirs de ce monde proviennent toutefois d'attachements et ne lui donnent pas le bonheur éternel. Celui qui obtient cent francs va en désirer mille, il voit ainsi son désir augmenter progressivement avec l'obtention de chaque chose désirée. Aucun de ces objets de satisfaction n'étant infini, ils ne peuvent combler notre désir pour l'Infini. Dieu *(Paramátman)* seul est infini, on ne connaîtra donc le bonheur infini qu'en le connaissant, et pour cela un travail spirituel est nécessaire.

Sans effort spirituel on ne peut se libérer des servitudes de ce monde. On ne peut connaître l'Immuable Conscience éternelle, félicité divine *(Saccidánanda)* que par la pratique spirituelle. Celle-ci peut se pratiquer chez soi, tout en vivant en famille. Il n'est pas nécessaire d'entrer dans les ordres *(sannyása)*. Le vrai sens du mot *sannyásin* [(renonçant (moine/moniale)] est

---

[1] Sage védique, voir p. 155 ; ici, *Brhad-Áryańyaka Upaniśad 2-4-5* . (ndt)
[2] *Bhidyate hrdaya-granthish chidyante sarva-samshayáh,*
    Kśiiyante cásya karmáńi tasmin dŕśte parávare.   (2,2,9)

« consacré à la Vérité »[1]. Le seul moyen de se consacrer à la Vérité est la pratique spirituelle. C'est ainsi qu'on ne peut utiliser le terme de *sannyása*/renoncement que dans le cadre d'une pratique spirituelle.

Ô fidèle de l'Ánanda Márga, voie de la Béatitude ! Suis la voie de la Vérité éternelle et révèle la Vérité cachée en toi : éveille la présence spirituelle endormie en toi et – comme Bhagiiratha qui grâce à sa ferveur fit couler le flot sacré du Gange d'une obscure grotte de montagne jusqu'à la plaine – amène à ta société ce courant de Vérité, l'animant de son flot vivifiant, et conduis-la de ton irrésistible incitation spirituelle à l'Océan, la Grande Unité, la Sainte Confluence où il n'y a plus l'agitation d'une quelconque trivialité, la moindre bataille extérieure pour la préservation de l'existence, où il n'y a plus qu'un grand toi qui s'oublie dans l'immensité de l'Insondable, la profondeur du Pur Esprit, le saint toucher du Bon Dieu.[2]

Grand rassemblement spirituel *(DMC)*, vers 1955

---

[1] *Sat + nyása = sannyása* (*sat = satya*, la Vérité). (ndt)

[2] L'éditeur indien précise en note, sans doute à propos d'une partie de la fin de ce chapitre qui aura été incorporée à ce discours : « Ceci est une version des instructions données, lors de la première entrevue d'un jeune homme de la société chrétienne indienne avec le guru, prises en notes par Átmánanda assis discrètement à côté ». (ndt)

9. Bonheur et détachement

Tout être fini requiert un support à son existence. Celui-ci doit non seulement abriter son sentiment de « je » sur le plan physique, mais aussi procurer à chaque instant l'énergie vitale nécessaire.

Un être subtil requiert, tout comme un être physique, un support qui est la forme subtile d'une forme physique. Notre psychisme est l'entité subtile avec laquelle nous sommes en permanence intimement en relation ; et son support, son moyen d'existence est les objets qu'il retient, rejette ou se remémore. Ces objets sont, dans leur état fondamental, extérieurs et physiques, mais le psychisme ne jouit que d'une impression intérieure, ne profite que de leur représentation mentale.

L'être vivant va jouir d'un objet fini (en tant que son objet mental) soit longuement, tranquillement, soit brièvement, à la hâte, selon ses élans réactionnels[1] *(saṁskáras)* ; puis passer à un autre objet. Le psychisme ne peut jouir éternellement d'aucun objet fini, car tout objet fini a un début et une fin. Dans ce mouvement sans fin, on trouve assurément une fin à tout objet ayant un début. On ne peut donc pas en profiter éternellement, la

---

[1] Les *saṁskáras* sont la trace psychique de nos actes passés sous la forme d'une réaction non encore manifestée à nos actions. Cette réaction potentielle, éventuel reliquat d'une vie passée, influence le présent, engendrant des situations permettant au psychisme de vivre des situations conséquences de ses actes, dès que les circonstances s'y prêtent, libérant ainsi le psychisme. Lire p. 127, p. 131 et *La Philosophie de l'Ánanda Márga, une récapitulation, vol 1*, éditions Ananda Marga, France, 2015, du même auteur. (ndt)

cruelle main du temps nous l'arrache. Malgré cela, l'être humain ne le comprend pas. Il considère agréable ce que ses impressions passées *(saṁskáras)* le poussent à garder longtemps à l'esprit, à en profiter tranquillement. Pour lui cette lenteur est du plaisir, il l'appelle bonheur. Certaines personnes pensent constamment à l'argent, elles lui sacrifient tout. D'autres pensent qu'acquérir du renom ou un fils est le but principal de leur vie. Ils n'hésitent pas à la sacrifier pour cela.

Inversement, par rapport à l'objet dont nous ne souhaitons pas profiter longtemps mais plutôt vite fait, nous parlons de désagrément, d'expérience douloureuse. Peut-on supporter long-temps la vue d'un cadavre décomposé ? Non. Ne se débarrasse-t-on pas, après un cours entretien, aussi rapidement que possible de la personne qui nous fait souffrir ?

Bref, que l'objet nous plaise ou nous déplaise, étant limité, il ne peut demeurer nôtre éternellement, il est destiné à se séparer de nous et nous de lui.

Le psychisme est nécessaire à notre préservation et réclame aussi pour sa propre préservation un endroit sûr qui puisse l'abriter pour l'éternité. L'être humain aspire toujours à un abri sûr. Construit-on sa maison sur des sables mouvants ? Non, on la bâtit sur un terrain solide et ferme. L'être humain cherche toujours une assise solide pour préserver ses aptitudes mentales jusqu'à l'éternité et lui transmettre sa force dans son combat contre le temps. Mais y a-t-il une assise de ce genre dans ce monde ? On ne peut fonder son existence sur ce qui est fini car cela finit par s'épuiser. S'éloignant de nous et nous laissant mentalement sans abri, nous précipitant dans un abîme d'obs-curité, cela poursuit sans interruption son chemin. C'est pour-quoi, être humain, seul l'Éternel, l'Infini, peut être ton objet mental, l'assise de ton existence.

Mais comment entamer une vie s'appuyant sur l'Infini *(Brahma)* dans cet univers manifesté où sont de multiples objets finis ? En adoptant la pratique de la douce science *(madhuvidyá)* ; c'est-à-dire en considérant le fini et l'apparence non pas comme fini et superficiel, mais comme l'expression finie de l'Infini, de l'Éternel. L'attrait pour ce qui nous est cher *(preya)* et l'amour pour l'Éternel *(shreya)* ne font alors plus qu'un.

> *Cette terre poussiéreuse que foule l'humanité est en vérité la demeure de Dieu. Ô Toi qui es en tous, caché dans chaque cœur, tu es véritablement mien ![1]*

Rabindranâth Tagore

Aimez-vous votre enfant ? C'est parfaitement juste, mais le jour de sa mort, ne serez-vous pas envahi par la peine ? Votre enfant est un être temporel *(preya)*, fini, qui ne peut vivre éternellement. Il mourra, vous laissant en pleurs. Si vous le considérez comme l'expression de Dieu *(Brahma)* sous la forme de votre fils, vous n'aurez alors pas peur de le perdre, car on ne peut perdre l'Éternel *(Brahma)*, il est présent partout et toujours.

> *Dieu est présent dans toutes les directions, il est ce qui est né et ce qui est à naître ; c'est lui vraiment qui est né et naîtra. Intérieur à ses créatures, il est présent partout.[2]*

(Shvetáshvatara Upanishad)

Dans cet état, ô être humain ! aucun objet fini ne peut te limiter à sa couleur particulière, tu es réellement au-delà de toute couleur/catégorie *(varñátiita)* et peux te conduire face à tout être fini avec justesse.

---

[1] *Vishva-janer páyer tale dhúlimaya ei bhúmi, sei to svarga bhúmi.*
 Sabáy niye sabár májhe lukiye ácha tumi, sei to ámár tumi.

[2] *Eśa ha devah pradisho 'nu sarváh, Púrvo ha játah sa u garbhe antah,*
 Sa eva játah sa janiśyamánah, Pratyauṇ janáṁs tiśthate sarvato-mukhah.
(2,16)

Suivez votre chemin en prenant soin et en vous assurant du bien-être de l'expression de Dieu que sont vos parents, en soignant adéquatement la manifestation divine qu'est votre terre, la cultivant et accroissant sa fertilité. Si vous vous conduisez vis à vis des différents objets de façon juste, ils ne peuvent vous abaisser mentalement. C'est cela le véritable détachement *(vaerágya)*.

Avoir du détachement ne signifie pas entrer dans les ordres ou fuir dans l'Himalaya après avoir abandonné sa femme, ses enfants et sa famille. L'Ánanda Márga s'élève fermement contre ce genre de mentalité. Selon l'Ánanda Márga, la pratique spirituelle *(dharma)* du détachement *(vaerágya)* fait partie intégrante de la vie de famille. Ceux qui ressentent l'envie de s'enfuir en laissant tout derrière eux sont simplement victimes d'un complexe d'échec. Le voleur, par peur de la police, le débiteur par peur du créancier, l'affligé, par incapacité à se résigner à ses peines, sont parmi ceux qui recourent à ce prétendu détachement. Ce genre de « renonçant » *(vaerágii)* n'a pas le courage de faire face aux revers de ce monde. Il s'efforce de cacher sa couardise par de belles paroles. Même lorsqu'il entre dans l'ordre du soi-disant renoncement *(vaerágya)*, il n'abandonne pas son attirance pour le monde, c'est pourquoi, en poursuivant une signification erronée du terme détachement *(vaerágya[1])*, il pratique en fait la fuite. Il s'ensuit qu'il déchoit généralement du chemin.

La pratique du détachement est la discipline qui nous permet de n'être plus mentalement affecté par l'attrait des objets de ce monde ; elle accroît notre liberté vis-à-vis des objets limités. Ce n'est que par ce détachement que se révèle véritablement à l'être humain l'Éternel qui est le seul vrai refuge, l'appui solide, dura-

---

[1] Le mot *vaerágya* (détachement) vient de *virága*. *Rága* désigne l'attachement, la passion [(*vi-*, préfixe, est ici privatif)].

ble de l'être humain car jamais il ne l'abandonne en le laissant au désespoir. Dans ce refuge divin, vous pouvez vous établir sans peur pour tous les temps à venir.

> *Le plaisir engendre la peur de la maladie,*
> *L'excellence, la peur qu'on nous la conteste,*
> *La beauté, la peur de perdre sa jeunesse.*
> *Avec le rang social vient la crainte d'en déchoir,*
> *Avec les honneurs celle de la déconsidération.*
> *Les possessions nous font redouter la taxation,*
> *La vigueur naître la peur de son adversaire,*
> *Avec l'enseignement vient la peur du contradicteur,*
> *Et avec le corps physique, la crainte de la mort.*
> *Tout chose s'accompagne de peur sur cette terre*
> *le détachement seul libère l'être humain de la peur !*[1]

(Bhartrihari[2],
Cent Strophes sur le détachement)

Calcutta, grand rassemblement spirituel *(DMC[3])*
Pleine lune du 30/31 octobre *(áshvina)* 1955

---

[1] *Bhoge roga-bhayam, guńe khala-bhayaṁ, rupe 'taruńád bhayaṁ,*
Kule cyuti-bhayaṁ, máne daenya-bhayaṁ, vitte nrpálád bhayaṁ,
Bale ripu-bhayaṁ, shástre vádi-bhayaṁ, Káye krtántád bhayaṁ,
Sarvaṁ vastu bhayánvitaṁ bhuvi nrńáṁ vaerágyam evábhayam.

[2] Bhartrihari, sage-poète du 7e siècle, *VaerágyaShatakam, 31/35.* (ndt)

[3] *Dharma-mahá-cakra.* (ndt)

10. Service et délivrance

Parlons de l'offrande *(yajṇa[1])* et de son résultat. On peut considérer toute action humaine comme une offrande, mais qui est à la source de l'action ? d'où vient toute action ? Du psychisme bien sûr, c'est lui qui agit : avant d'agir, l'être humain pense à son acte futur, et cela se manifeste par des vibrations mentales, un vécu mental. C'est ensuite que ces pensées se concrétisent dans le monde extérieur en action. La pensée ne se situe que sur le plan mental, tandis que l'action, qui prend sa source sur le plan mental, s'effectue sur le plan physique. Toutes les pensées ne se transforment pas en actes, mais quand il y a action, il y a toujours une pensée à l'origine. C'est pourquoi l'on dit que l'action *(karma* ou *yajṇa)* est psycho-physique, autrement dit physique et mentale à la fois. L'être humain ne peut exister un seul instant sans agir, et l'on qualifie la libération entière de toute action de *mukti.*

Disons tout d'abord quelques mots de l'offrande/l'action consacrée. Elle peut s'adresser à la création, à l'être humain, à nos aïeux ou à Dieu[2]. Lorsqu'elle s'adresse à Dieu, elle se déroule sur un plan purement intérieur. Dans les autres cas, elle est à la fois physique et mentale. C'est la pensée qui se manifeste tout d'abord, en tant qu'onde mentale qui prend ensuite forme dans ce monde physique. C'est dire que la véritable source de

---

[1] Le mot *yajṇa* (oblation, offrande) est formé de la racine *yaj* [adorer, honorer, sacrifier à] et du suffixe *iṇa* ; il désigne tout acte consacré *(karma).*
[2] Ce sont les quatre offrandes traditionnelles *(bhūta-yajṇa, nr-yajṇa, pitr-yajṇa* et *Adhyātma-yajṇa).* (ndt)

l'action se trouve au sein du psychisme. Supposons que je donne quelques roupies à une personne dans le besoin, il s'agit d'un acte/d'une offrande humanitaire. J'effectue d'abord ce don mentalement, puis matérialisant extérieurement cette pensée, j'accomplis concrètement le don. C'est en outre ma conscience d'avoir effectué le don qui me fait cesser mon action extérieure. Autrement dit, l'acte s'effectue aussi sur le plan mental. C'est cependant différent lorsque l'oblation s'adresse à Dieu, elle prend alors sa source sur le plan spirituel et s'achève sur ce même plan.

1) L'offrande à ce monde créé *(bhúta[1]-yajiṇa)* comprend les services rendus à toute créature de ce monde manifesté comme : arroser les plantes, nourrir les bêtes, entreprendre des recherches scientifiques et toute chose visant au bien-être général.

2) L'offrande à ses semblables *(nr-yajiṇa)* est une action destinée au bien-être du genre humain. Cet acte altruiste entre en fait dans le premier type puisque l'être humain est aussi un être créé. Nous reparlerons plus loin de cet acte humanitaire.

3) L'offrande/l'hommage à nos prédécesseurs *(pitr-yajiṇa)*. C'est se remémorer avec reconnaissance nos ancêtres et nos sages. Tant que nous possédons un corps physique, nous demeurons redevable vis à vis de nos ancêtres. Tant que nous pouvons agir pour notre libération et celle de notre société, à l'aide de la connaissance acquise grâce à l'effort des grands esprits, des génies et des sages, nous leur sommes redevables. Ils aident et ont aidé la société humaine de différentes façons par l'invention de nouvelles choses. Nous profitons du labeur de l'inventeur du système ferroviaire. N'est-il pas juste que nous pensions à tous ces inventeurs avec reconnaissance ? C'est à partir des inventions des génies de l'humanité que la science progresse. Les

---

[1] En sanscrit, *bhúta* signifie « ce qui a été créé » et ne désigne pas un fantôme ou un esprit [comme en bengali ou en hindi]. Le synonyme sanscrit de fantôme ou esprit est *preta*.

courants intellectuels d'aujourd'hui s'abreuvent à la source de la sagesse des sages. Certains pensent que la science nuit à la civilisation, lui est un obstacle, que le monde de l'ancien temps était bon en fait. C'est oublier que la science existait aussi dans l'ancien temps, bien que sous une forme très frustre. Les sages l'utilisaient de façon adaptée au niveau de connaissance et de sagesse de l'époque. Nous progressons sur la route qu'ils ont tracée. Nous poursuivons, allant de l'avant, aplanissant le chemin. Leurs chars à bœufs nous ont donné l'idée de construire le chemin de fer et les automobiles. Nous avons converti les bateaux en sous-marins. C'est pourquoi je dis que le développement de la science n'est pas une erreur. C'est nous qui sommes à blâmer, et ce n'est pas l'époque non plus. La science ne nous dit pas d'utiliser l'énergie nucléaire de façon destructrice, le faire ne consiste qu'à affirmer notre bestialité à l'aide de la science. Ceux qui ont inventé des armes de destruction massive grâce à la science ne sont pas des sages car leur effort ne contribue pas au bien-être de l'humanité. Par contre, ceux qui ont veillé au bien-être de l'humanité méritent sans aucun doute que nous les gardions en mémoire avec gratitude, leur rendant ainsi un juste hommage.

4) L'offrande à Dieu *(Adhyátma-yajiṇa)*. Nous avons déjà vu que cet acte était totalement intérieur. L'élan qui pousse à s'offrir en sacrifice intérieur à Dieu jaillit de l'âme, opère sur le plan mental (c'est le psychisme qui médite/s'abîme en Dieu *(sádhaná))*, puis finit sa course à nouveau sur le plan de l'âme/ de l'Esprit. Autrement dit, le but ultime de la pratique spirituelle, qui opère pour sa part dans le domaine mental, se trouve sur le plan spirituel.

Cette oblation est intérieure tandis qu'honorer la création, l'humanité et les anciens est une pratique à la fois intérieure et extérieure.

Le service humanitaire a lui-même aussi quatre aspects : l'aide physique, l'aide matérielle, la protection physique, le conseil (ou la direction) moral et spirituel.

1) Servir la société physiquement, réconforter ou soulager les afflictions d'autrui, lors d'une maladie par exemple, au prix de sa propre peine, entre dans le cadre de l'aide physique *(shúdrocita-sevá)*.

2) Quant aux services rendus en fournissant une aide financière, alimentaire, etc. ils entrent dans la catégorie de l'aide matérielle *(vaeshyocita-sevá)*.

3) Protéger autrui, même au péril de sa propre vie, entre dans le cadre de la protection physique *(kśatryocita-sevá)*.

4) Guider autrui sur un plan moral et spirituel *(viprocita-sevá)* est l'expression extérieure du service spirituel *(Adhyátma-yajiṇa)*. Enseignez à autrui la connaissance spirituelle que vous avez acquise. Insufflez-lui l'ardeur de la vertu. C'est alors seulement que sera justifiée votre existence d'être social.

Le service physique, c'est-à-dire le travail physique, est la colonne vertébrale de la société, si on le sous-estime, on ne peut pas apporter le service matériel nécessaire. Seul celui qui sait donner son temps en étant présent et en soulageant physiquement autrui peut rendre un service financier, alimentaire ou matériel approprié. Et si l'on n'est pas capable d'aider physiquement et matériellement quelqu'un, on ne peut être vraiment en mesure de le protéger. De même, seuls ceux qui ont développé en eux les quatre aptitudes peuvent réellement guider autrui sur le plan moral et spirituel *(vipra)*.

Bien que le mérite de ces quatre services soit égal, le service moral est particulièrement glorieux car il est directement lié à l'offrande à Dieu. Il faut cependant garder à l'esprit que la valeur d'un service dépend de l'adéquation au moment et au lieu car on ne peut perdre de vue les circonstances. Si un voyageur à pied est en détresse dans un endroit isolé, près de mourir, les sermons n'ont aucune valeur. Il faut l'entourer de soins, c'est l'aide physique qui a ici la plus grande valeur. Et que ferez-vous pour un homme mourant de faim ? L'entourerez-vous de soins ou lui ferez-vous des sermons ? C'est à manger qu'il lui faut et c'est pourquoi l'aide alimentaire est ici de la plus grande valeur. Certaines personnes d'un naturel bestial font subir des traitements brutaux à des êtres sans défense. Inutile dans ce cas de se répandre en sermons, de soigner ou d'offrir à manger, c'est de protection dont ces êtres sans défense ont besoin. Dans cette situation, ce service est de la plus haute importance, tous les autres types d'aide sont dénués de sens. De même, materner un ivrogne n'a pas de sens, comme l'aider matériellement car lui donner de l'argent ne ferait que l'encourager à boire. Si vous lui donnez une correction, il quittera l'endroit et ira assouvir sa soif ailleurs. C'est pourquoi il faut l'aider à la fois en étant ferme et en le guidant moralement. Il faut le libérer de sa mauvaise habitude par des conseils bien choisis. On ne peut résoudre le problème simplement en lui infligeant une peine ou en promulguant des lois pour en finir avec les débits de boissons. Car il chercherait alors un exutoire secret à sa mauvaise habitude et toute la société en serait affectée.

Nous voyons donc que les quatre types de service à autrui ont leur importance dans des circonstances données. Néanmoins, l'effet de l'aide morale perdure tandis que celui des autres aides non.

Au moment de rendre service, la pensée de celui qui rend service doit être que l'objet du service est le Seigneur et celui qui sert un aspirant. Si l'on nourrit cette pensée, il n'y a pas place pour l'orgueil. L'orgueil cause la chute de l'être humain, et c'est pour nous en libérer que nous devons considérer celui que nous servons comme le Seigneur.

Lorsque nous rendons service, nous devons nous adresser mentalement avec dévouement à celui à qui nous rendons service : « Ô Seigneur ! Tu m'obliges en acceptant mes services ! Comme tu es miséricordieux, tu es venu vers moi sous la forme d'un être vivant pour me donner l'occasion de te servir. » Si vous entretenez cette pensée, l'orgueil ne surgira pas en vous et vous ne serez pas assujetti aux réactions à vos actions. La cause principale de l'assujettissement au fruit de l'action est l'orgueil ou le désir de renommée. Prenons une personne qui a fait un don de dix mille roupies à une institution charitable. Si le lendemain, elle cherche impatiemment son nom dans le journal et, si elle ne l'y trouve pas, se vante plein de suffisance auprès de ses parents et amis en disant : « J'ai fait une donation de dix mille roupies, mais je ne l'ai pas fait publier dans le journal : je ne voulais pas me faire connaître », on peut facilement en déduire que le désir de renom est présent bien que déguisé chez cette personne, et qu'elle n'a certainement pas fait cette donation avec l'idée de rendre service.

Si lorsque vous servez une personne vous lui attribuez un statut divin, vous coupez court à l'émergence de l'orgueil ou du désir de renom. Vous prenez alors conscience que c'est Dieu qui dans sa Grâce vous a donné l'occasion de le servir. Nos membres ne sont pas nôtres, ils sont siens et lorsque nous le servons avec nos bras et nos jambes, c'est lui qui joue avec lui-même. Une action faite ainsi est une action sans attachement. C'est seulement ainsi que l'on peut espérer s'affranchir de la servitude des réactions à l'action *(karma)*. Il faut sentir que la personne servie est Dieu, qu'elle en est une manifestation finie. N'oubliez jamais que l'objet de votre service n'est pas un simple être humain ou être vivant. L'adorateur qui est dans la constante pensée de Dieu *(bháva)* dit :

Partout où je tourne les yeux, je te vois Seigneur ![a][1]

Parvenir à ce stade est le couronnement des efforts du pratiquant. En agissant avec la pensée *(bhávaná)* de Dieu, vous finirez progressivement par voir Dieu en toute chose. Mais pourquoi avoir cette idée de Dieu ? Pour le comprendre, il nous faut comprendre ce qu'est l'idée (de Dieu) *(bháva)* :

> *La pensée de Dieu sanctifie le psychisme, les rayons de soleil de l'Amour illuminent tout et l'Amour de Dieu grandit. La douceur du cœur s'installe.*[a][2]
>
> (*Bhakti-rasámrta-sindhuh*[3])

Tel est le but visé en ayant le sentiment de Dieu devant chaque être servi. Un sentiment apparaît en l'être humain de trois façons : par imposition directe, par imposition à son insu, et spontanément.

Supposons que vous jouiez le rôle de l'empereur Shâh Jahân[4] dans une pièce de théâtre, il se peut, même si votre langue maternelle est autre, que vous parliez persan. C'est tout à fait consciemment que vous assumez le rôle de Shâh Jahân et vous vous êtes influencé de sorte à vous conduire ainsi. Votre propre personnalité est alors masquée par celle de Shâh Jahân. On parle ici d'imposition directe d'idées/de sentiments.

Dans l'imposition d'idées à son insu, on n'adopte pas une idée consciemment mais sous l'influence d'autrui. Hypnotisé, on agit inconsciemment. Nos pensées personnelles sont submergées par le flot des pensées de l'hypnotiseur et, sous sa direction, on prend du sable pour du sucre et on le trouve tout aussi bon.

---

[1] *Yáṇhá yáṇhá netra paŕe táṇhá táṇhá Hari sphúre.*

[2] *Shŭddha-sattva-visheśád vá [-visheśátmá] prema-súryámshu-sámyabhak,*
Rucibhish citta-másrńya-krd asao bháva ucyate. [traduit aussi p. 94]

[3] *(1.3.1)* de Rúpa Gosvámii ; et aussi Krishna Dâs, *Caetanya-Caritámrtam, madhya liilá, 23,5.* (ndt)

[4] Ce fameux empereur moghol fit notamment construire le Tâj Mahal. (ndt)

Quant aux pensées/sentiments spontanés, ils jaillissent de l'intérieur, ils sont l'expression d'une idée/d'un sentiment *(bháva)* authentique. C'est ce que vous ressentez lorsque vous vous abandonnez au Seigneur dans la méditation *(Iishvara praňidhána)*. Au début de la pratique, le sentiment de je est là, c'est certain, dans le méditant. Il ressent : « Je pratique la méditation pour connaître Dieu. » Dans la méthode de méditation de l'école Ánanda Márga, ce sentiment de je se transforme, en se développant, en évoluant spontanément, en un ressenti du Divin *(Brahma)*. Ce ressenti spontané n'est pas facilement compréhensible pour ceux qui ne pratiquent pas la méditation. C'est pourquoi ils sont le plus souvent frappés d'une fausse appréhension car ils ne connaissent pas le courant transcendantal de bonheur qui emporte le méditant. Vous n'avez pas besoin de vous identifier à Hanumâna ou à Râdhâ[1]. Se recueillir en Dieu *(Adhyátma-yajiňa)* est totalement intérieur et ne requiert donc pas d'imposition extérieure.

Lorsque nous servons notre prochain, la création ou nos anciens cependant, l'imposition est nécessaire. Il nous faut ressentir que l'objet de notre service est le Seigneur. Si nous n'adoptons pas cette pensée, nos efforts sont vains. Car n'oublions pas que la réaction est intimement liée à l'action. Quand on fait quelque chose, l'on doit en subir les conséquences. La *Bhagavad Giitâ* nous dit :

Tu as autorité sur tes actions, mais pas sur leurs fruits.[a][2]

En agissant, l'on génère simultanément une conséquence sous forme potentielle. Quand on effectue un acte « original »[3], la graine de sa réaction est en même temps semée, et cette réac-

---

[1] Râdhâ et Hanumâna sont tous deux, dans la tradition indienne, des personnalités modèles de dévouement et d'Amour pour Dieu (ndt).

[2] *Karmaňy evádhikáras te má phaleśu kadá cana. (2,47)*

[3] Autrement dit non réactionnel, sur lequel on a autorité, sur un acte réactionnel, on n'a pas de liberté. (ndt)

tion doit être subie, on ne peut y échapper. Cela ne fait pas partie de nos droits de nous soustraire aux conséquences. Notre seul droit concerne l'action, l'on peut décider de faire ceci ou cela ou de ne pas le faire. Nous appelons réaction potentielle *(samskára[1])* la réaction, sous forme potentielle, à une action accomplie *(karma)*, autrement dit le germe de la réaction à une action.

Toute oblation *(yajiṇa)* requiert une offrande. Il faut donc dans les quatre actions consacrées *(karma)* (*karma* et *yajiṇa* sont synonymes) faire une offrande, celle de ce qui nous est le plus cher : nous-même. L'offrande à Dieu[2] est une offrande de soi, et s'offrir à Dieu, s'abandonner à sa Présence, c'est se fondre/s'abîmer en lui, en son immensité. Ceux qui offrent du beurre clarifié dans les sacrifices/oblations sont bien mal guidés. Ils pensent qu'en sacrifiant le beurre dans le feu, il pleuvra. Ils vivent encore aujourd'hui à l'âge de la superstition aveugle. D'un point de vue scientifique, quand on jette du beurre dans le feu, il brûle, et les particules de carbone résiduelles s'échappent en fumée. Nous savons tous que le beurre clarifié est à la base composé d'hydrogène et de carbone. La vapeur d'eau qu'entraîne sa combustion est négligeable, alors quelle serait la taille du nuage formé par la combustion de même des tonnes de beurre clarifié ? C'est du pur gaspillage. On ferait mieux d'en nourrir les pauvres, leur permettant ainsi de mieux se porter. Si vous voulez de la pluie, soignez la nature, faites des recherches scientifiques qui vous permettront de fabriquer des nuages artificiels et servez-vous en partout où le besoin de pluie se fait sentir.

Ô pratiquant ! donne son sens au saint sacrifice en t'offrant à Dieu. Unifie-toi à l'Entité imprégnant tout en lui abandonnant

---

[1] *Samskára* signifie aussi, entre autres, « purification ». (ndt)
[2] Qu'on l'appelle *Ráma-yajiṇa* ou *Viśṇu-yajiṇa* (et *viśṇu* signifie ([étymologiquement]) : qui est partout présent), il s'agit de la même chose.

l'orgueil de ton sentiment d'existence. Mais pour cela, nul besoin d'aller mendier de porte en porte. S'offrir à Dieu est une question intérieure. À quoi sert l'argent pour cela ? Il ne sert que dans la mesure où l'on soigne la nature, ses frères et sœurs humains et ses anciens, mais pas quand il s'agit de faire l'offrande de soi à Dieu. Pour cela, il suffit de s'abandonner complètement à lui dans la méditation *(Iishvara prańidhána)*, permettant ainsi l'illumination graduelle de notre psychisme. Il n'est donc pas nécessaire de penser à un aspect particulier de Dieu.

Mais lorsque vous souhaitez venir en aide aux créatures *(bhúta-, nr-* et *pitr-yajińa)*, vous devez adopter une certaine pensée/idée, une idée qui vous permette de ne pas vous lier aux conséquences de vos actes *(karma)*, en empêchant que se manifeste l'orgueil de votre sentiment de je. Cette idée est que vous, une parcelle de Sa manifestation, servez Dieu selon ses propres instructions. C'est en gardant cette idée à l'esprit que vous empêcherez l'apparition de l'orgueil. Vous savez que le fruit de votre action est selon votre intention. Si vous vouez à Dieu la pensée qui sous-tend votre action, la réaction qui en découle lui est alors entièrement dévolue. Vous devez cependant vérifier, en choisissant cette pensée, qu'elle naît de l'amour et non de la peur. La peur ne peut engendrer l'amour, et en l'absence d'amour il n'y a aucun véritable service, votre sacrifice en vue de servir les créatures perd alors son sens. Votre pensée doit être emplie de véritable amour *(prema)*. Qu'est-ce que l'amour vrai ?

> *Lorsqu'on atteint à la parfaite douceur du cœur, marquée par l'abondance de l'intérêt envers [autrui], cet état dont la nature est très intense est en vérité appelé par les sages « prema » [amour pur].[1]*

> (Rúpa Gosvámii, *Bhakti-rasámrta-sindhuh*)

---

[1] *Samyauń-masrńita-svánto mamatvátishayáuńkitah,*
Bhávah sa eva sándrátmá budhaeh premá nigadyate. (1,4,1)

L'amour véritable est désintéressé. Vous élevez des poules, vous les nourrissez et vous les aimez aussi. Si l'on vous en vole une, vous vous fâchez et en venez aux mains, mais cet amour est-il désintéressé ? L'amour véritable est pur, et inconditionnel. Comment purifier l'amour ? En gardant à l'esprit, lorsque vous rendez service, que vous servez la personne pour son confort et son bien-être. Votre service est alors désintéressé et votre amour véritable. Les services rendus avec des motifs égoïstes ne sont pas purs : vous nourrissez vos poules pour votre profit, le sentiment qui vous meut étant de gagner de l'argent en vendant leurs œufs.

Celui qui manifeste de l'affection à autrui pour son propre intérêt se nourrit de poison.[1]

Pénétrez-vous d'idées de Dieu en saturant d'amour tout ce que vous entreprenez pour servir la création et vos semblables. Aimer par peur est dénué de sens. Sans amour, vous ne pouvez vous abandonner totalement, votre oblation est alors vaine.

La douceur de l'Amour est difficile à atteindre par les actes ritualisés, les austérités, la connaissance, la dévotion rituelle ou la méditation récitative murmurée. Seul celui qui, suivant la voie de l'Amour, adore Dieu de tout son cœur, peut facilement ressentir la douceur amoureuse de Dieu.[2]   *(Caetanya Caritámrta)*

La vie devient mécanique si l'on se laisse envahir par l'idée que l'on doit faire telle chose, telle offrande, se lever de telle manière, s'asseoir de telle autre, etc. Il n'y a alors plus de bonheur possible. C'est pourquoi on ne peut plus vraiment parler

---

[1] *Nija-sukha lági je kare piriiti, se jáni garala kháye.*
[2] *Karma tapa yoga, jiṇána, vidhi-bhakti, japa-dhyána, ihá haite mádhurya durlabha. Kevala ye, rága-márge, bhaje kṛṣṇa anuráge, táre kṛṣṇa-mádhurya sulabha. (2, 21, 119)*

d'acte d'adoration *(karma)* face à ce ritualisme. On fait pénitence quand on se sacrifie pour servir autrui, mais sans amour, les services rendus et les pénitences subies seulement pour la galerie ne portent pas de fruits. Toute dévotion rituelle : pénitence et utilisation de chapelet ostensibles ne sont que pour l'apparence ; on a perdu de vue le véritable amour et le but spirituel. On ne peut atteindre Dieu par ce genre d'actions ostentatoires car aux pensées ritualistes manque la douceur du bonheur. La félicité divine est facilement accessible pour ceux, et ceux-là seuls, qui fondent leur pratique spirituelle sur l'Amour.

Voyons comment éviter, quand on rend service, d'engranger les fruits de l'action. Car, lorsque l'orgueil du je est présent, une réaction potentielle s'associe à votre je à chacune de vos actions. Si c'est le je qui agit, c'est alors le même je qui subit les conséquences. Par contre, si l'on agit avec détachement, ce n'est alors plus le je qui agit, et il ne peut donc pas en récolter les fruits. Lorsqu'on agit avec détachement, il n'y a pas d'asservissement aux conséquences car tout ce que l'on fait est remis à Dieu *(Brahma)*. Il s'ensuit que les conséquences des actions lui sont également remises. En d'autres termes, les actions comme les conséquences appartiennent à Dieu *(Paramátman)*. Considérez-vous comme l'instrument du Seigneur et continuez votre travail avec détachement.

On peut se demander, puisqu'une personne souffrante subit en fait les conséquences de ses actes passés, s'il est bien de la soigner ? La réponse est très simple : je ne dois même pas penser qu'elle récolte ce qu'elle a semé, mais me préoccuper simplement de décider de l'intention avec laquelle agir. Il me faut penser, à ce moment-là, qu'en vue d'un dessein particulier, Dieu lui-même souffre et m'offre, de cette façon, l'occasion de le servir. Il m'oblige en acceptant mes services. Les desseins du

Seigneur sont impénétrables, c'est pourquoi considérez les affligés avec des pensées divines.

On expérimente la conséquence/le fruit d'une action par un ressenti psychique contraire *(pratisaṁvedana)*, exactement opposé, à la pensée qui a sous-tendu *(saṁvedana)* l'action. La nature d'une action dépend de la pensée *(cintā* ou *saṁvedana)* [avec laquelle l'action est faite]. D'ailleurs un sentiment exactement opposé à celui qui a présidé à l'action se crée dans le psychisme, [sentiment] conforme à la nature de la réaction qui a eu lieu dans le monde extérieur, à comment a été vécu l'action. Si une blessure à la main ne provoque pas de douleur, c'est-à-dire si l'action ne provoque pas un ressenti mental en retour, elle est alors libre du fruit ou conséquence psychique.

Dans le cas de ceux, libres de toute étroitesse d'esprit, qui sont installés dans l'état divin/universel, la question des souffrances individuelles dues aux conséquences des actions ne se pose pas, car alors la personne ne fonctionne pas avec un sentiment individuel. Lorsque nous faisons des discriminations dans les bonnes œuvres, la pratique, les pénitences ou la connaissance, l'orgueil du je intervient immanquablement, nous donnons de l'importance à l'individualité. Mais si l'on voue une action à Dieu, ses conséquences lui sont aussi automatiquement vouées. Ce n'est plus alors l'individu qui agit ni lui qui subit les conséquences. Qu'est-ce que [cet acte] représente alors pour cette personne ? Même si l'on peut parfois voir ce pratiquant afficher de l'orgueil, cet orgueil ne cherche pas sa gloire personnelle mais celle de Dieu. C'est l'orgueil « vertueux » *(sāttvika)*. Cet orgueil associé à des actions effectuées avec détachement ne naît pas du sentiment de je individuel, mais de celui du je universel.

Râdhâ dit :

Ô Seigneur, c'est de toi que je me glorifie,

C'est ta Beauté qui apparaît sur ma face ;
N'est-ce pas toi qui inspire toutes mes actions,
Toi qui agis et toi qui en jouis ?[a][1]   (Jnândâs[2])

Agissez exactement avec cette pensée. Plus l'être humain agit avec détachement, plus son évolution vers Dieu est rapide et plus son sentiment de je est annihilé. Le sentiment de je individuel disparaît complètement une fois le sentiment universel/divin totalement acquis. Agir avec détachement est un combat contre le moi individuel et pour la conquête du Je universel. Le je individuel s'affaiblit proportionnellement à la diminution de l'orgueil, et la sphère psychique est dans la même proportion illuminée par le divin éclat du Soi universel. C'est pourquoi les fidèles de l'Ánanda Márga, la voie de la félicité divine, doivent parcourir le sentier de l'action *(karma)* sans attachement. Il leur faut agir pour le bien de la nature, de leurs prochains et ascendants, tout en s'offrant à Dieu en sacrifice intérieur. Voilà ce qu'est véritablement le sacrifice de soi dans le feu divin.

Le sentiment de je, le « je suis », agit comme un miroir. L'objet original est Dieu/l'Esprit *(Paramátman)* et son reflet sur ce miroir est la conscience individuelle *(jiivátman)*.

Tout comme le reflet disparaît en l'absence du miroir mais que le visage demeure, il en est de même de la Conscience éternelle en l'absence de psychisme. Elle est cet Esprit qui n'est pas un reflet.[3]

(Hastámalaka[4] stotra)

---

[1] *Bandhu, tomár-i garave garaviñii háma, rúpasii tomár-i rúpe...*
[2] Poète médiéval bengali vichnouïte du 16ᵉ siècle dont les chants en bengali ou en brajabuli (la « langue de Vraja » (Vraja (Vrindavan) étant le pays d'enfance de Krishna), un « dialecte » poétique) sont toujours chantés. (ndt)
[3] *Yathá darpañábháva ábhása-hánao Mukham vidyate kalpaná-hiinam ekam. Tathá dhii-viyoge nirábhásako yah, Sa nityopalabdhi-svarúpo 'yam átmá. (6)*
[4] Hastámalaka, fils spirituel et disciple contemporain du grand philosophe médiéval indien Shankara (VIIIᵉ siècle). (ndt)

Sans miroir, la question d'un reflet ne se pose pas. Sans le miroir qu'est le psychisme *(dhii),* autrement dit le principe mental, *(mahattattva* ou *buddhitattva),* il n'y a pas le reflet qu'est la conscience individuelle. Une fois disparu le je individuel, on vit dans un état qui est notre nature véritable. Elle seule est la vie de notre vie, l'âme de notre âme, autrement dit le Seigneur *(Paramátman).* La pratique spirituelle est ce qui détruit le miroir du je *(buddhitattva)* permettant que se dissolve en Dieu *(Paramátman)* – entité originale – le reflet qu'est la conscience individuelle. Pour cela, le désintéressement dans l'action est nécessaire.

Agir de façon altruiste *(yajiṇa)* nous permet d'être libre des conséquences et de nous libérer du je individuel. Tout le monde peut facilement rendre les quatre types d'action humanitaire[1] *(nr-yajiṇa).* Chacun a l'occasion de rendre service, que le service soit petit ou grand. Si quelqu'un de pauvre pense ne pas pouvoir aider financièrement parce qu'il manque d'argent, il se trompe, la charité de quelques francs d'un pauvre a autant de valeur que celle de dizaines de milliers de francs d'un millionnaire, et l'aumône de ces quelques francs pèse même plus. Kriśṇa accorda plus d'importance au plat de brisures de riz que lui offrit Vidura qu'aux somptueux plats de Duryodhana. Quoi qu'il en soit, que chacun rende service au monde selon ses moyens. Travaillez pour le bien-être de tous au mieux de votre capacité. Emportez la conviction d'autrui en utilisant à fond vos capacités intellectuelles. Rendez ainsi une aide morale et spirituelle. Que chacun rende autant que possible les quatre types de services. S'offrir à Dieu/le service divin est un service intérieur qui trouve sa fin ultime en Dieu, soi suprême. Vous devez donc effectuer cette pratique indépendamment des autres. Toute autre

---

[1] Détaillés p. 122. (ndt)

pratique, service ou oblation commence quant à elle de façon extériorisée, puis renverse progressivement son cours pour se diriger vers l'intérieur et en dernier lieu réjouir au plus profond de votre être, votre âme siégeant sur le trône d'or qui est sien de par votre naissance.

N'oubliez pas qu'aucun service n'est inférieur à un autre. C'est pourquoi je dis qu'aussi longtemps que vous existez, vous devez pratiquer le service *(yajiṇa)*. Au moment où vous cessez par désintérêt ou incapacité, vous tombez dans un abîme. Ne le permettez pas. Votre nature est d'aller de l'étroitesse à l'immensité, de la grandeur à la divinité. Vous laisser tomber dans un abîme est contraire à la nature même de votre vie. Vous aspirez à la félicité divine et travaillez à la vie éternelle. Vous êtes unis à cette vie incessante qui circule dans vos veines et artères, et gronde dans les battements de votre cœur. Vous entendez jour et nuit la voix de la jeunesse éternelle, pouvez-vous vous imaginer un instant dans un état d'inertie, sans servir, comme un être de pierre ?

Lorsque vous vous absorberez en l'Esprit/l'Infinie Faculté cognitive, vous atteindrez enfin à l'accomplissement suprême, cet état ultime de vous-même. Ô être humain ! éveille en toi la force, l'esprit de combat, l'héroïsme, car ta voie est celle de la révolution/d'une complète transformation. Ce n'est pas un chemin de prudence excessive et de routine mais une route accidentée, difficile à parcourir. Avance, l'étendard de la voie bien droit, la tête haute et le buste en avant. Ne perd pas ton temps en hésitation ou en rumination du passé.

Grand rassemblement spirituel *(DMC)*
Pleine lune, fin décembre *(mágha[1])* 1955

---

[1] Généralement en janvier ou février mais cette année-là en toute fin de décembre. (ndt)

11. Tout s'accomplit par Sa Grâce
(Brahma-kripá hi kevalam)

Dieu transcendant *(nirguṅa brahma)* est éternel, sans commencement ni fin, tout comme Dieu se manifestant *(saguṅa brahma)*. Certains peuvent se dire que puisque son état se manifestant est inclus dans son Être transcendant qui est infini, il est donc un peu moins qu'infini, autrement dit fini. On en vient à cette conclusion erronée car l'on n'a pas idée de ce qu'est l'infini et qu'on n'arrive pas à le concevoir. Si l'on soustrait quatre de dix, il reste six. Quatre et dix sont des nombres finis et six l'est aussi. Mais on peut retrancher à l'infini quelque chose de fini comme d'infini tout en obtenant un reste infini. Qu'on retranche de la Transcendance de Dieu, qui est infinie, son état se manifestant, également infini, le reste est toujours l'Infinie Transcendance divine *(Nirguṅa)*.

> *Ceci [Dieu en manifestation] est infini et Cela [la Transcendance divine] est infini. De l'infini naît l'infini, et qu'on soustraie cet Infini-ci de cet Infini-là, il reste toujours l'Infini_a.*[1]   *(Yajur-Veda[2])*

De plus, Dieu se manifestant comprend un Centre cognitif, le Très-Haut *(Puruśottama)*, et l'objet de celui-ci : le psychisme divin. Le Très-Haut est-il éternel/infini ? Il est pur esprit et donc, du fait de sa nature purement cognitive, impérissable. N'étant

---

[1] *Púrṅam adah púrṅam idaṁ púrṅát púrṅam udacyate,*
Púrṅasya púrṅam ádáya púrṅam evávashiśyate[ah].
[2] *Yajur-Veda Blanc, Shatápatha-Brahmaṅa 14,8,1,* recension *mádhyandina.*

pas sous l'emprise de la Force *(Máyá)*, il n'est pas sous l'influence du temps, du lieu et de la forme. Il est donc infini/éternel.

Quant à la Pensée du Très-Haut, le Psychisme divin/universel, est-il infini ? Le psychisme comprend trois « je » : le je existentiel *(mahattattva)*, le moi ou je agissant *(ahaṁtattva)* et le je objectivé/substrat mental [où prend forme l'objet] *(citta)*[1].

Dans le je existentiel, la tendance consciente *(sattva*[2]*)* seule s'exprime, c'est pourquoi ce je divin n'est pas délimité, la tendance statique étant nécessaire pour limiter quelque chose à une forme.

Dans le je agissant *(ahaṁtattva)* de Dieu se manifestant, les tendances consciente et active seules s'exercent. Ne peuvent donc pas y avoir été créées des limitations, qui indiqueraient un état résultant matériel. Le je existentiel et le je agissant du psychisme divin sont de ce fait tous deux infinis. Il s'ensuit que le psychisme divin est infini.

Quant au je objectivé/substrat mental *(citta)* divin, manifestation la plus grossière/dense du psychisme divin, est-il infini ? Comme il est créé par l'action de la tendance statique, il est nécessairement délimité. Quand Dieu crée individuellement quantité d'objets, avec les cinq éléments pour matière première, ou en maintient l'existence en leur octroyant cette même matière première, c'est, au niveau de l'ensemble, le substrat mental divin lui-même qui prend une certaine forme, de même que le substrat mental individuel est délimité. Ce qui les différencie est

---

[1] Le *mahattattva* est littéralement le grand *(mahat)* principe *(tattva)* ; *aham* signifie moi, je, et *citta* « ce qui est pensé ». Tout cela est présenté plus en détail dans *La Philosophie de l'Ánanda Márga, une récapitulation, vol. 1* (France, 2015), recueil de textes de l'auteur, reprenant *L'Ánanda Márga, philosophie élémentaire* du même. Voir les schémas p. 150 et 151. (ndt)

[2] Voir les *guna*, expliquées chapitre 2 (p. 21). (ndt)

que la substance du substrat mental individuel n'est qu'un jeu d'ombre et de lumière dans le substrat mental divin.

De plus, ce monde physique/formé des cinq éléments, créateur de la toute petite forme qu'est le substrat mental individuel est la manifestation du substrat mental divin. C'est parce que ce monde physique n'est rien d'autre que la substance mentale du Psychisme divin, qu'il a servi de matériau au corps qui jouit et souffre de l'être vivant.

Ce monde physique bien que très vaste n'est pas infini, car il n'est constitué que du substrat mental *(citta)* divin, or celui-ci a été généré à l'aide de la tendance statique. Ce monde est donc nécessairement délimité. Les planètes, les étoiles et les corps célestes ont une certaine forme, et l'ensemble qu'ils constituent a aussi une forme, car tout cela est la manifestation du substrat mental divin. Les scientifiques comprendront également un jour cette réalité et reconnaîtront alors la justesse des affirmations des sages. Nous appelons ce substrat mental universel si vaste dont la forme ressemble à celle, ovale, du système solaire[1], l'Œuf divin *(Brahmáńda)*.

Ce présent univers, visible tout autour de nous, aussi vaste soit-il est fini, mais le substrat mental/je objectivé divin est-il lui fini ? Autrement dit, lorsque le présent je objectivé divin rejoindra/s'unira à la Transcendance divine *(Nirguńa Brahma)*, suite au processus de l'évolution, Dieu se manifestant *(Saguńa Brahma)* se libèrera-t-il du monde *(mokśa[2])* ? Non, car même si la manifestation du substrat mental divin est finie, le substrat mental divin n'est pas lui-même limité. L'origine de Dieu se manifestant est au-delà du temps. C'est pourquoi il a, de toute éternité, accumulé en tant que créateur *(Prajápati)* une infinité de

---

[1] Que le système solaire soit ovale est d'ailleurs une découverte scientifique récente (2008), née de l'envoi de sondes spatiales. (ndt)
[2] Autrement dit, « atteindra-t-il au salut ? » (ndt)

réactions sous forme potentielle, dont les actes originaux n'ont pas été accomplis par un substrat mental individuel limité mais par celui de Dieu. D'innombrables substrats mentaux ont été formés puis dissous pour exprimer ces réactions potentielles, et d'innombrables objectivations *(citta)* du Psychisme *(mana)* divin seront créées puis dissoutes pour cela. Aussi vaste soit le substrat mental divin, il n'a jamais et ne pourra jamais exprimer tous les élans réactionnels divins. Alors même que ce substrat mental divin va vers sa fin, les réactions potentielles non exprimées créent de la nouvelle substance mentale à l'intérieur du corps mental de Dieu pour lui permettre de subir les conséquences de ses actions.

Tandis que les nébuleuses actuelles se transforment en étoiles et en planètes pour finalement s'immerger en Dieu transcendant *(nirguńa Brahma)*, accomplissement ultime de la pratique spirituelle, de nouvelles nébuleuses, de nouvelles galaxies, de nouvelles molécules, de nouveaux atomes et particules électriques sont engendrés au même rythme. Cela me fait dire que, bien que le je divin objectivé actuel soit limité, il durera de toute éternité car son potentiel est infini. En considérant que le substrat mental divin est en fait constitué des innombrables manifestations de tous les substrats mentaux, il n'est pas faux de le dire infini. Sache que ton existence d'être humain progresse elle aussi, comme toutes les autres existences, par le changement. Le substrat mental divin/je divin objectivé ne connaîtra jamais une totale extinction, ne crains donc pas une disparition complète de l'univers.

Ceux qui pensent que Dieu poursuit un gain personnel [en terme de salut] dans l'accomplissement du salut d'un être vivant se trompent. De combien diminue le substrat mental divin lorsqu'un être vivant atteint au salut ? Il y a une nouvelle création à partir de réactions encore potentielles. L'imagination divine ne s'arrête pas, continuant à exprimer les réactions potentielles pour l'éternité. La rédemption d'un être vivant peut donc réjouir Dieu, mais en quoi cela l'aide-t-il à se libérer du monde ?

L'être humain doit une reconnaissance éternelle au Seigneur qui l'a dans sa Grâce doté des facultés nécessaires à la pratique spirituelle. Dieu répand sa Grâce en permanence, sans distinction, même sur ceux qui se détournent des efforts pour le salut et qui se dégradent peu à peu. Même si vous le calomniez et niez son existence, il n'est pas mécontent de vous et ne vous détruit pas. Jamais son impressionnante miséricorde ne diminue. Dieu est toujours là pour vous aider à vous améliorer. Qui d'autre que lui est votre véritable ami et votre compagnon compatissant ?

> *Tu es mon père, ma mère, mon compagnon et mon*
> *ami, mon savoir et ma richesse ! Ô Seigneur Dieu !*
> *tu es tout pour moi.[1]*   (Rámánuja)

Être humain ! ne méprise pas cet amour vivifiant de ton suprême ami. Ne laisse pas se perdre un seul de ses dons. Sois constamment attentif à sa parole. N'oublie pas combien il a fait, combien il fait et combien il est prêt à tout faire pour toi.

Quand le pratiquant avance un peu sur le sentier, la douceur amoureuse de Dieu se manifeste de plus en plus en lui. Son cœur et son âme se retrouvent submergés par ce sentiment d'amour, et les ondes de la béatitude inondent son esprit. La voix étouffée par l'émotion, de ses lèvres pleines du zèle de son amour, de son corps ému, les yeux humides, s'élève une seule voix, silencieuse, racontant un total abandon de soi à Dieu, disant ne plus dépendre que de lui :

Tout est la Grâce de Dieu *(Brahma-Krpá hi Kevalam).*

Grand rassemblement spirituel *(DMC)*
Jamalpur, 1er mars 1956

---

[1] *Tvam eva mátá ca pitá tvam eva, Tvam eva bandhush ca sakhá tvam eva Tvam eva vidyá dravinam tvam eva, Tvam eva sarvam mama, Devadeva. (Sharanágati-gadyam v.8)*

Annexes

Enseignement de la méditation

Les enseignants spirituels d'Ánanda Márga sont toujours prêts à enseigner, sans frais, la pratique de la méditation aux personnes sincères désireuses de la pratiquer.

L'enseignement spirituel yoguique de l'Ánanda Márga est transmis par des enseignants qualifiés. Cet enseignement, gradué, individuel, se complète d'une participation éventuelle à des stages et ateliers ainsi que d'un encouragement à s'impliquer dans la société et dans des activités associatives et humanitaires[1].

Pour une rencontre ou un renseignement contactez : Ánanda Márga Pracáraka Saṁgha, voir adresses et sites p. 158.

---

[1] Les membres d'Ananda Marga ont d'ailleurs créé notamment l'association internationale AMURT, affiliée à l'ONU en tant qu'organisation non gouvernementale, qui œuvre dans le monde entier par des missions de développement et de secours, l'association PCAP de protection des animaux et des plantes, et Renaissance universelle et RAWA, associations respectivement d'intellectuels et d'artistes pour un renouveau dans une perspective ouverte, positive à long terme et élevante de leurs recherches et réalisations.

L'éthique spirituelle
Yama Niyama

Yama :

La bienveillance/Ne pas blesser ni nuire *(Ahiṁsá)* : Ne pas blesser ou nuire, par ses actes, ses pensées ou ses dires.

La vérité attentionnée *(Satya)* : Avoir des paroles, des pensées et des actions justes, en gardant à l'esprit le bien d'autrui.

L'honnêteté *(Asteya)* : S'abstenir du désir de prendre ce qui appartient à autrui ou de le priver de son dû.

Voir Dieu en tous et en tout/la pratique de Dieu *(Brahmacarya)* : Maintenir constamment sa pensée sur Dieu, le voyant en toute chose.

La simplicité de vie *(Aparigraha)* : Refuser toute commodité qui ne soit pas essentielle.

Niyama :

La pureté mentale et la propreté *(Shaoca)* : Cela comprend la propreté du corps et de l'environnement ainsi que la pureté de l'esprit. On peut rester pur mentalement en agissant avec bonté envers les créatures vivantes, en faisant preuve de charité, en aidant autrui et en agissant bien.

Le contentement *(Santośa)* : C'est être content de ce que l'on a. Il est essentiel d'essayer d'être toujours de bonne humeur.

Se sacrifier *(Tapah)* : Rendre service à ceux qui en ont besoin en prenant sur soi.

L'étude spirituelle *(Svádhyáya)* : Étudier les textes et commentaires spirituels pour en comprendre le sens profond.

S'abandonner en Dieu/la méditation *(Ishvara praṅidhána)* : S'immerger dans le flot spirituel et pour cela, avoir fermement foi en Celui qui régit ce monde, dans le bonheur comme dans le malheur, et se penser comme son instrument dans toutes les circonstances de la vie.

La vie humaine est courte, c'est pourquoi il est sage de se procurer toutes les instructions pour la pratique spirituelle aussi tôt que possible.

Pour des explications détaillées lire, de l'auteur : *Un Guide de conduite humaine, yama niyama, les principes moraux et spirituels du yoga*, éditions Ananda Marga, France, 2015.

Ouvrages de l'auteur

L'auteur, philosophe, philologue, historien des religions et maître de yoga, a écrit de nombreux livres sur les sujets spirituels :

Notamment une série[1] sur les textes de la tradition spirituelle indienne, en particulier les Oupanishads, comprenant :
– *Sublime Spiritualité*,

Une présentation philosophique et pratique des bases ontologiques et cosmologiques dans la philosophie indienne et des textes de la tradition de la *bhakti* ; suivie de volumes commentant les Oupanishads majeures, commentaires dont les éditions françaises comprennent la traduction française directe du texte sanscrit de l'oupanishad cité par l'auteur :
– *La Science sacrée des Védas vol. I*
  (Îshâ, Prashna, Muṅḍaka, Páshupata Brahma,
  Kaevalya et Nrsiṁha Tápaniiya[2] Oupanishads)
– *La Spiritualité de la Kaṭha Oupanishad.*
– *L'Enseignement philosophique et spirituel de*
  la Shwetâshwatara Oupanishad, etc.[1]

Ainsi qu'une série de courts ouvrages commentant des versets phares de la tradition spirituelle de l'Inde :
– *Nectar de l'Enseignement spirituel, tomes 1, 2, 3, etc.*[3]

Un ouvrage sur la vie et l'enseignement de Krishna au regard des écoles de philosophie indiennes :
– *Namámi Krśńa Sundaram (Je salue la Splendeur de Krishna)*

---

[1] La série *Subháśita Saṁgraha*, qui a au moins vingt-six volumes en bengali, reprise dans la série intitulée *Ánanda Márga Ádarsha o Jiivanadhárá (La Philosophie et l'Idéal de vie de l'Ánanda Márga).* (ndt)
[2] Une « version » élargie de la *Máńḍúkya* Upanishad. (ndt)
[3] Trente-quatre tomes sont disponibles en langues indiennes sous le titre *Ánanda VacanÁmrtam.* (ndt)

Une somme sur Shiva, présentation à la fois de l'aspect historique (incluant les courants religieux jusqu'à aujourd'hui), l'essentiel de l'enseignement de Shiva, son rapport aux courants philosophiques traditionnels indiens, et les hymnes traditionnels à Shiva :
– *Namah Shiváya Shántáya (Mon respect, ô Shiva le tranquille)*

Un précis philosophique :
– *Ánanda Sútram,* résumant en aphorismes sanscrits (et en cinq chapitres) l'essentiel de la philosophie spirituelle et sociale de l'auteur.

L'auteur a en effet également écrit, sous son nom civil Prabhat Ranjan Sarkar, de nombreux ouvrages de philosophie politique et sociale. Il est notamment l'auteur de la théorie socio-politique de l'Utilisation progressiste – la Tup, connue en anglais sous le nom de *Prout* (prononcé praote) – qui soutient une utilisation maximum et progressiste de toutes les ressources (physiques, psychiques, etc.) dans une perspective équitable et néohumaniste ; et de l'essai *Libérer l'intelligence, un Nouvel Humanisme*, ainsi que d'une encyclopédie, un dictionnaire et plusieurs ouvrages de philologie en bengali, etc. ; soit, en complément à ceux mentionnés ci-dessus :

Morale :
Un Guide de conduite humaine – yama niyama les principes moraux spirituels du yoga

Traité social :
Manuel pratique de l'Ánanda Márga, tomes 1 à 2 (Ánanda Márga Caryácarya)

Recueils de textes :
Une Promenade spirituelle en ce monde (florilège),

Libérer l'intelligence, un Nouvel Humanisme, avec des compléments (recueil)

Hygiène et santé :
Se Soigner par le yoga, l'hygiène de vie et les remèdes naturels
Manuel pratique de l'Ánanda Márga, tome 3 (postures)

Philosophie :
Idea and Ideology

La Philosophie de l'Ánanda Márga, une récapitulation, vol. 1 (recueil)
La Faculté de connaître
Essais :
A Few Problems solved (8 vol)
Chants et poésies :
Prabhát Saṁgiita (165 vol.)
Histoire de la spiritualité :
Discourses on Mahábhárata
Civilisation :
Sabhyatár Ádibindu – Ráŕh (Le Rarh : point de départ de la civilisation)
Politique et social :
La Vision de la TUP, la Théorie de l'Utilisation progressiste (recueil)
To the Patriots
Problèmes du jour
La Société humaine (2 vol.)
Prout in a nutshell (21 vol.)
Littérature enfantine :
Le Lotus d'or de la mer Bleue (illustré pleine page) ;
Dans les abysses de la mer Bleue ; Au Pays de cocagne (Haťťamálá)

Táŕá Báṇdhá Chaŕá
Nútan Varṅa Paricay
Philologie :
Varṅa Vijiṅána (La Science du language)
Varṅa Vicitrá (De l'usage divers des mots) (8 volumes)
Histoires :
Galpa Saiṇcayana (12 vol.)
Dictionnaire :
Laghu Nirukta
Encyclopédies :
Shabda Cayaniká (26 vol.) (du bengali, inachevée)
Krśi Kathá (Une agriculture idéale)
Ámáder Pratibeshii - Pashu o Pákhi (Nos amis les bêtes)
Path Calte Itikathá (6 vol.) (Chroniques de nos régions)
Recueils de textes (suite) :
Neohumanism in a nutshell
Aspects avancés de la psychologie du yoga
Science et connaissance ésotérique :
Pramá ; Les Microvita,
Etc.

Vous trouverez aussi une récapitulation des ouvrages de l'auteur disponibles en français ainsi qu'où les trouver sur **anandamarga.free.fr** chapitre livres, autrement dit sur la page :

http://anandamarga.free.fr/livres.htm

Consultez aussi **https://ananda-marga.monsite-orange.fr**

Glossaires sanscrit et français

aśtáuṇga : octuple, « à huit parties ».

átman : âme, esprit.　　***bhakti*** : adoration.

bháva : pensée constante de Dieu.　　***bhúr loka*** : plan matériel.

Brahma : Dieu, l'Absolu, l'Éternel.

Brahma cakra : le « cycle divin » (de la création) : densification de l'Esprit jusqu'à la matière puis la vie suivie de l'évolution de celle-ci jusqu'à son retour à l'incréé (schéma p. 150).

dháraṅá : concentration méditative, méditation.

dharma : spiritualité, devoir spirituel (au sens littéral, le *dharma* est la nature, la caractéristique, ici de l'être humain) ; loi ; justice ; religion, etc.

dhyána : contemplation, méditation profonde.

guṅa : littéralement lien, au figuré : qualité/attribut ; tendance/aspect (de la force opératrice).

jiivátman : l'âme ; l'être individuel ; la conscience individuelle, littéralement : le « soi vivant », autrement dit l'être incarné.

kámamaya kośa : corps mental inférieur (grossier), « sensori-désirant ».

karma : action ; rite : action consacrée.

kośa : corps, littéralement enveloppe, étui, voir à *paiṇca kośa* ; s'écrit parfois *kosha*.

kśatrya : guerrier.　　***loka*** : monde.

mokśa : salut, l'unification stable de l'individu à l'Esprit.

mukti : libération, l'union stable du je individuel au je universel.

nirguṅa : littéralement libre de tous liens, dénué *(nir)* des tendances *(guṅa)*.

Nirguṅa Brahma : Transcendance divine, Dieu transcendant.

nirvikalpa samádhi : union spirituelle absolue.

Oṇḿkára : Dieu en tant que Verbe créateur (dans le *Oṇm,* le *ṇ* représente la nasalisation du *o*).

paiṇca kośa : les « cinq *(paiṇca)* corps ou enveloppes *(kośa)* ». On parle traditionnellement de cinq *kośas* ou enveloppes de l'âme composant l'être individuel et généralement citées ainsi : l'enveloppe physique (*annamaya*) suivie des *kośas práṅa-maya*, *manomaya*, *vijñánamaya* et *ánandamaya*. Les *kośas* apparaissent tout d'abord dans les upanishads à partir de la *Taetiriiya (Taittirīya)* et la *Muṅḍaka* ; elles sont reprises par Shankarâcârya dans ses commentaires et ouvrages. Prabhat Ranjan Sarkar en tant que maître de yoga et philosophe propose pour les temps futurs une classification plus détaillée des niveaux psychiques (et psycho-spirituels) en eux-mêmes cinq niveaux (notamment en divisant en quelque sorte la *vijñána-maya kośa* ancienne en *atimánasa* et *vijñánamaya kośas*). Il fait ainsi correspondre les plans psychiques des *kośas* uns à uns aux *lokas* (les mondes ou niveaux d'existence tradition-nels) (voir le schéma p. 68), à part bien sûr le tout dernier, le *Satya loka* (le monde de la Vérité, Royaume de Dieu), situé au-delà du psychisme. L'Ananda Marga utilise ainsi au-jourd'hui les termes consacrés *paiṅca kośas* pour désigner ces cinq niveaux psychiques et psycho-spirituels (explicités ici chap. 5 (p. 56)), tout en englobant aussi généralement le corps avec eux,. (Cette notion des *paiṅcakośas* semble en corres-pondance relative avec les cinq aggrégats du bouddhisme).

parama : suprême.

Parama Puruśa : Dieu, l'Entité/Être suprême.

paramárthá : le « but suprême », la connaissance, la vérité, la réalité spirituelle.

Paramátman : littéralement « âme/soi suprême » : Dieu, l'Être universel, l'Esprit.

Prakrti : la divine Force universelle, opératrice.

praṅava : = *oṃḿkára*.

praṅáyáma : maîtrise de l'énergie vitale par le souffle.

pratisaiṇcara : l'évolution des espèces jusqu'au retour en Dieu.

pratyáhára : abstraction des sens, le recueillement yoguique.

Puruśa : l'Esprit voir aussi *Parama Puruśa*.

Puruśottama (*Puruśa* + *uttama*) : le Très-Haut, désigne l'Esprit inaffecté, au sein de Dieu se manifestant *(Saguṅa Brahma)*.

Rajah/rajas : nature de la tendance active de la Force universelle, elle confère la mutabilité ; *rajoguña*, la tendance active.

ŕśi : inventeurs et sages inventeurs, littéralement « voyant ».

sadguru : guide spirituel authentique.

sádhaná : pratique spirituelle.

Saguña Brahma : Dieu se manifestant, l'Esprit associé à la Force en action (*sa* (« avec ») *guña*).

samádhi : union spirituelle, absorption psychique en Dieu.

saḿskára : réaction potentielle/élan réactionnel/impression réactionnelle.

sannyásin : renonçant : moine, moniale yoguique.

sattva : conscient, sensible, pur ; caractère de la tendance consciente de la Force, il apporte l'harmonie ; *sattva-guña*.

Satya loka : plan de la Vérité éternelle.

savikalpa samádhi : union spirituelle relative.

Shabda-Brahma : le « Dieu Verbe », voir *Oṇḿkára*.

shúdra : l'ouvrier.

tamas (adj. *támasika)* : obscurité ; nature de la tendance statique de la Force universelle, elle confère l'inertie. En composé : *tamo-* (*tamoguña* : tendance statique).

tanmátra : onde saisie par un des organes des sens.

vaeshya : artisan, commerçant ou fermier.

vipra : sage, savant, inspiré, c'est l'intellectuel.

vritti : propension, tendance naturelle ; instinct.

yama-niyama : les dix principes de l'éthique yoguique (p. 142).

Glossaire français-sanscrit

Nous avons le plus souvent traduit ainsi :

Dieu : *brahma, parama puruśa, paramátmá.*

Esprit : *puruśa, paramátmá.*

Force opératrice : *prakrti.*

Force créatrice : *prakrti, máyá.*

Pratique spirituelle : *sádháná.*

Seigneur : *Náráyaña.*   Très-Haut : *puruśottama.*

Le cycle de la Création

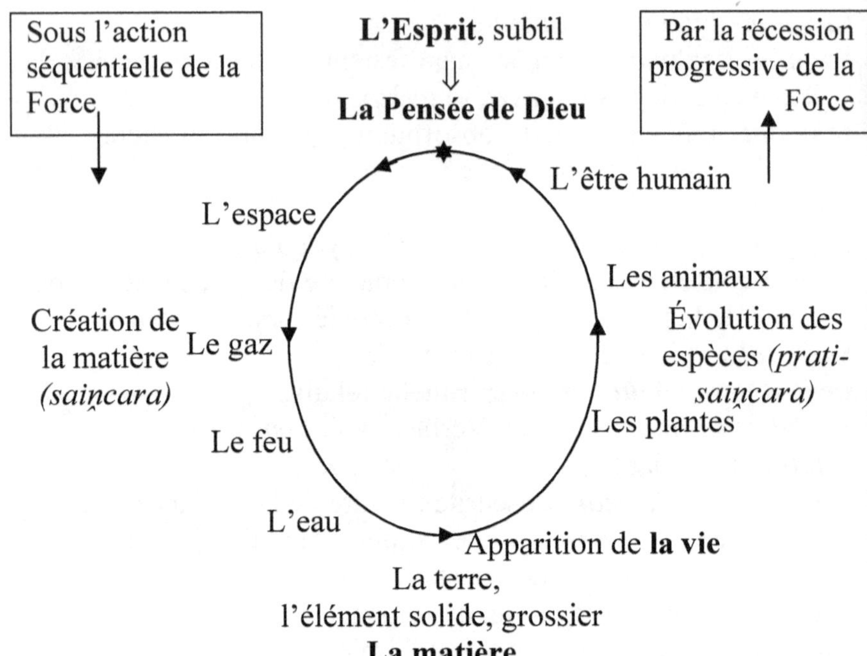

Le cycle de la création
de ce monde pensé par l'Esprit

La Pensée divine

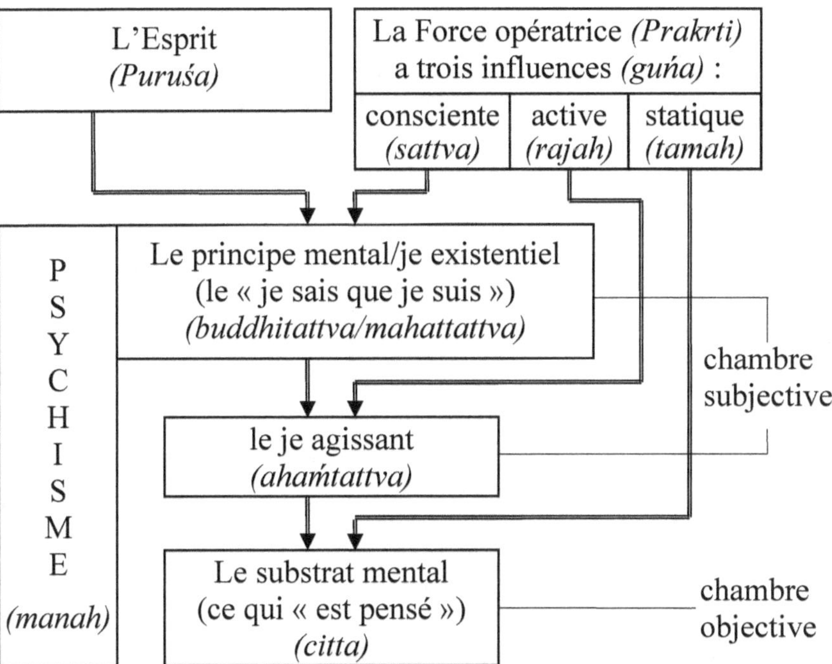

**Le psychisme,
formé sous l'action de la force opératrice sur
l'entité spirituelle**

Les enveloppes *(kośa)* de l'âme

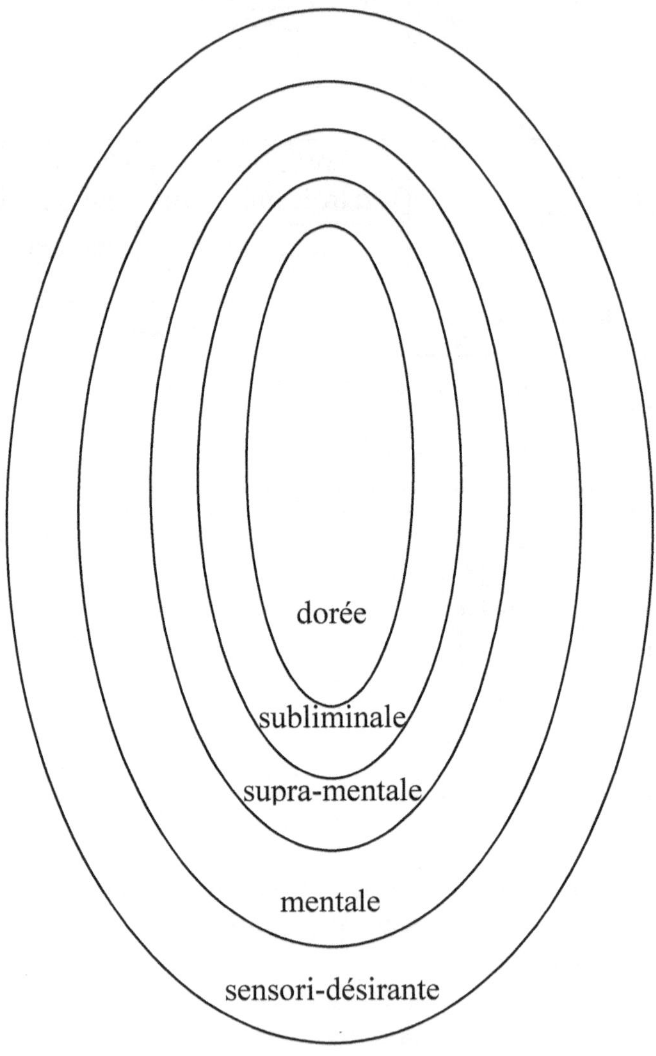

« L'existence individuelle se manifeste sur cinq niveaux concentriques, à l'image d'une fleur de bananier.ₛ ...Ainsi les niveaux les plus subtils ne peuvent s'observer et se comprendre qu'en ôtant les plus grossiers. »

(Ánanda Sútram 3-1)

Ouvrages et auteurs cités

Textes « mystiques »

Bhakti-rasámrta-sindhuh *(L'Océan de nectar de la dévotion).*
Cet ouvrage en sanscrit de Rúpa Gosvámii retrace l'enseignement de saint Caetanya/Chaïtanya (15-16ᵉ siècle), bengali réformateur du vichnouisme, partie de l'hindouisme qui insiste sur l'Amour de Dieu (la *bhakti*).

Bhakti-sútra de Nârada (ou de Sháńdilya, voir ci-dessous)

Bhakti-sútra de Sháńdilya (on l'estime composé entre les 5ᵉ et 10ᵉ siècles). Ce recueil de sûtras (aphorismes) sur la *bhakti* serait antérieur et plus philosophique que celui de Nârada.

Caetanya-Caritámrta *(Le Nectar de la vie de Chaïtanya)* du « roi des poètes » *(kavi-raja)* **Kriśńa Dás**, qui vécut il y a environ 400 ans, en ancien bengali avec des citations en sanscrit (souvent extraites du *Bhakti-rasámrta-sindhuh* ci-dessus), retrace la vie et l'enseignement de saint Caitanya.

Sharańágati-gadyam *(Le Texte du « Complet abandon de soi en Dieu »)* de **Rámánuja** (1077–1157). Mystique et philosophe, Râmânuja s'opposa à l'enseignement théologique purement abstrait de Shankara en soutenant la doctrine « de l'unité différenciée »/du « monisme qualifié »[1] *(vishiśťa advaita)* qui répond au besoin d'adoration du fidèle.

Védas et Oupanishads

Amrtabindu Upaniśad (Atharva Veda)

Brahmabindu Upaniśad (Atharva Veda)

Brhad-Árańyaka Upaniśad (Shukla[2] Yajur Veda)

---

[1] Discutée dans *Je salue la Splendeur de Krishna* de l'auteur, chapitres 15 et 16. (ndt)

[2] « Blanc », l'autre étant le *krśńa* (noir), la version du *Yajur Veda* à la présentation plus confuse.

Chándogya Upaniśad (Sáma Veda)

Iishá Upaniśad (Shukla Yajur Veda) : commentée et traduite dans le vol. 2 de cette série intitulé *La Science sacrée des Védas.*

Kaṫha Upaniśad (Krśńa Yajur Veda) : commentée et traduite dans le vol. 3 de cette série intitulé *La Spiritualité de la Katha Oupanishad.*

Kena Upaniśad (Sáma Veda) : partiellement commentée et traduite dans le vol. 5 de cette série.

Muńḋaka Upaniśad (Atharva Veda) : partiellement commentée et traduite dans *La Science sacrée des Védas.*

Rig-Veda

Shvetáshvatara Upaniśad (Krśńa Yajur Veda) : commentée et traduite dans le vol. 4 de la série intitulé *L'Enseignement philosophique et spirituel de la Shwetâshwatara Oupanishad.*

Taettiriiya Upaniśad (Krśńa Yajur Veda)

Yajur-Veda Blanc, Shatápatha-Brahmańa

Puráńas

Bhágavata Puráńa

Márkańḋeya Puráńa

Náradiiya Puráńa

Viśńu-puráńa

Durgá-Saptashatii : « *Les sept cents [strophes] sur (la déesse) Durgâ* » connu aussi sous le nom de Pourâna *Márkańḋeya* abrégé car la majorité des strophes rassemblées sont issues de ce Purâna (cité p. 26 et p 29) ou encore *Devii-Máhátmya(m)* ou, dans le langage courant au Nord de l'Inde, *Shrii Shrii Cańḋii* (Chańḋii (prononcé tchan(e)die) est le nom populaire de Durgá).

Tantras et textes yoguiques

Ahirbudhnya-Saṁhitá

Ájñána-Bodhinii Tantra (Ájiṇána-Bodhinii Tantra)

Hastámalaka[1] stotra,

Hitopadesha : un recueil populaire de fables basé essentielle-
ment sur le *Pañcatantra (Paiṇcatantra).*

Jñána-saṁkalinii-Tantra (Jiṇána-saṁkalinii-Tantra),

Kulárńava Tantra,

Mahánirváńa Tantra (un passage plus conséquent est commenté
dans *La Spiritualité de la Kaťha Oupanishad*),

Nirváńa Tantra,

Páshupata sútra,

Shiva Saṁhitá,

Yoga-sútram.

Philosophie

Bhagavad Giitá.

Viveka-cúdámańi. Ouvrage attribué à Shankarâcârya, un des
plus fameux philosophes qu'a connu l'Inde (8e s.).

Yuktidiipikâ. Un commentaire, d'auteur inconnu, du *Sâṁkhya-
kârikâ* (du 2e s.) d'Iishvarakrśńa, lui-même la plus ancienne
présentation connue, particulièrement bien élaborée, de la philosophie sâṁkhya (fondée par Kapila du temps, mais après, du
Mahâbhârata, autrement dit il y a environ 3500 ans).

Auteurs (voir aussi, **poètes** ci-dessous)

Bhartrihari, sage-poète du 7e siècle, *VaerágyaShatakam (Cent
Strophes sur le détachement)*

Hastámalaka voir à **Tantras et textes yoguiques**.

Kriśńadás Kavirája, voir *Caetanya-Caritámrta* à **Textes « mystiques »**.

Nárada, auteur d'un fameux *Bhakti-sútram* (il en existe aussi un
de Shánḍilya, aussi cité ici).

---

[1] Hastámalaka, fils spirituel et disciple contemporain du grand philosophe
médiéval indien Shankara (VIIIe siècle). (ndt)

Patañjali, l'auteur bien connu des *Yoga-sútram*

Prahlâda, (pas vraiment un auteur) cité p. 99, est un tout jeune garçon modèle réputé de dévouement mystique présent dans la mythologie *(púrańa)*.

Rámánuja, voir *Sharańágati-gadyam* à **Textes « mystiques »**.

Rúpa Gosvámii, disciple du « grand saint » *(maháprabhu)* Caetanya/Chaïtanya (15-16ᵉ siècle), apôtre de l'Amour de Dieu, dont il retranscrivit l'enseignement dans le *Bhakti-rasámrtasindhu* (voir sous **Textes mystiques**).

Shankarâchârya, voir p. 110.

Shwetâshwatara, auteur de l'oupanishad du même nom.

Vyâsadeva/Vyâsa, l'auteur de Purânas.

Yâjñavalkya/Yâjña-Valkya : grand sage védique ; une partie du râja-yoga s'appuie sur ses instructions spirituelles à Maetreyii/ Maïtreyî, son épouse.

Poètes

Cańdidâsa/Chandidas : poète bengali vishnouïste du 15ᵉ siècle qui écrivit le recueil de chants *Srii-krśńa-kiirtana*.

Dvijendra Lal Roy, fameux poète bengali (1863-1913) aussi auteur de pièces de théatre et de chants toujours chantés aujourd'hui.

Jnândâs, voir note 2 p. 132.

Kâshiirâmdâs, important poète médiéval (16ᵉ siècle) bengali auteur d'une version bengalie de référence du *Mahábhárata*.

Narottamdâs Ťhákur, saint et poète mystique médiéval (16ᵉ siècle) de l'ancien Bengale ; *ťhákur* est un titre de respect.

Tagore, Rabindranath, fameux poète et écrivain bengali du 20ᵉ siècle.

Tulsîdâs, grand saint poète philosophe de langue avadhii (un dialecte du hindi) de la période moghole (16ᵉ siècle), dont l'œuvre principale est le *Ráma-carita-mánasa*, une sorte de version du *Rámáyańa.* Le *Dohávalii* est un recueil de stances mystiques.

Vidyâpati de Mithilâ, grand poète mystique et auteur du 14e-15e siècle, né dans l'État du Bîhar. Il écrivit en maithilî, un dialecte du Bîhar proche du bengali ainsi que des ouvrages en sanscrit.

Adresses

Sur Internet : http://anandamarga.free.fr
http://www.anandamarga.fr
https://ananda-marga.monsite-orange.fr
http://www.anandamarga.eu (anglais)
http://www.anandamarga.org   "

Pour une rencontre ou un renseignement :

En **France**, écrivez à : Ánanda Márga Pracáraka Saṃgha,
chez M. Botrel, 1 rue André Chénier, 91000 Évry
Ou par mél à o.caujolle@laposte.net ou anandamarga@free.fr
ou neohumanismo@yahoo.es
En **Europe** : Ánanda Márga Pracáraka Saṃgha
Weisenauer Weg 4,
D-55129 Mainz   Allemagne
tél : 00 - 49 6131-834262
mél : sosberlin@anandamarga.eu ou europe@anandamarga.org,
http://www.anandamarga.eu

En **Afrique** : Ananda Marga est présente au Burkina Faso, au
Cameroun, au Congo, en Côte d'Ivoire, au Togo ainsi que dans
de nombreux autres pays d'Afrique et d'ailleurs. Pour avoir la
visite d'un enseignant dans votre ville, contactez un centre
d'Ananda Marga par l'intermédiaire de celui du Burkina Faso :
Burkina Faso : Ananda Marga
01BP 3665 Ouagadougou 01, Burkina Faso
Tél : 00 226 50375592 / 71307382
Mél : amurtbf@gmail.com
Etc.

Haïti : Ananda Marga, Inobert Pierre 12, Rue E. Guello,
Fond des Blancs, Haiti, WI 8312
Mél : inobert@yahoo.fr   Tél: +509 42 93 65 17
Mél : demeter@desprihaiti.org   ou

Ananda Marga/Amurtel, Rue Garnier, Impasse Dumond 10a, Bourdon, Port au Prince, Haïti. Tél. 00 509 38132828

Canada : Ananda Marga Master Unit Canada
323 Rang St-Louis, St-André-Avellin (Québec)
J0V1W0 Canada, tél (port.) : 00 1 613 322 6663
Montréal : tél (port.) : 00 1 514-806-4426
mél : dayashiilananda@gmail.com

États-Unis : Ananda Marga Center, 149-02 Melbourne Avenue,
Flushing, New-york 11367 (USA)
tél : (00-1-)718-8981603
mél : sosny@anandamarga.us,
http://ampsnys.org

Etc.

Table des matières